Valter Benjamin
JEDNOSMERNA ULICA
BERLINSKO DETINJSTVO

REČ I MISAO
KNJIGA ???

Preveo i priredio
JOVICA AĆIN

CIP – Каталогизација у публикацији
Народна библиотека Србије, Београд

830-3

БЕНЈАМИН, Валтер
 Jednosmerna ulica ; Berlinsko detinjstvo / Valter Benjamin ; [s nemačkog preveo Jovica Aćin]. – Beograd : Rad, 1997 (Beograd : Zuhra). – 165 str. ; 19 cm. – (Reč i misao ; knj. 477)

Prevodi dela: Einbahnstrasse. Berliner Kindheit um Neunzehnhundert / Walter Benjamin. – Str. 151–164: Jednosmernom ulicom iz suprotnog smera / Jovica Aćin.

ISBN 86-09-00526-7

1. Бенјамин, Валтер: Берлинско детињство
830-94    830.09
а) Бенјамин, Валтер (1892–1940)

ID=57679372

VALTER BENJAMIN

# JEDNOSMERNA ULICA
# BERLINSKO DETINJSTVO

IZDAVAČKO PREDUZEĆE „RAD"
BEOGRAD

# JEDNOSMERNA ULICA

Ova se ulica zove
Ulica Asje Lacis
po onoj koja ju je
kao inženjer
prokrčila u autoru

## BENZINSKA PUMPA

Sazdavanje života je trenutno daleko više u vlasti činjenica nego ubeđenja. I to činjenica koje još nikada i nigde nisu služile zasnivanju ubeđenja. U tim okolnostima, prava književna aktivnost ne može iziskivati da se odvija u književnim okrivirima – ona je, naprotiv, puki izraz njihove jalovosti. Književna delotvornost od značaja može jedino poteći iz stroge razmene delanja i pisanja; ona se mora razvijati u lecima, brošurama, revijalnim člancima i plakatima, skromnim formama koje bolje odgovaraju njenom uticaju u aktivnim zajednicama nego pretenciozni, univerzalni gest knjige. Jedino se takav jezik trenutka pokazuje delotvorniji u sadašnjem času. Mnjenja su za gorostasni aparat društvenog života ono što je ulje za mašine; ne izlazi se pred neku turbinu a da se ona ne podmaže mašinskim uljem. Ubrizga se nekoliko kapi u skrivene zakivke i sastavke koji se moraju poznavati.

## IZBA GDE SE DORUČKUJE

Narodno predanje savetuje da se snovi pričaju izjutra, našte srca. U tom stanju, probuđena osoba još je, u stvari, u zabranu sna. Umivanje iznosi na svetlo samo, naime, površinu tela i njegove nevidljive motoričke funkcije, dok u dubljim slojevima, i tokom jutarnjeg čišćenja, još ustrajava sivi sumrak sna, čak zahvata i osamljenost prvih budnih trenutaka. Ko se plaši dodira s danom, bilo zbog straha od ljudi ili zbog želje za unutrašnjom sabranošću, taj neće jesti i s prezirom će odbijati doručak. Tako izbegava raskid između sveta noći i sveta dana. Predostrožnost koja se pravda jedino sagorevanjem sna u koncentrisanom jutarnjem radu, u nedostatku molitve, ali koja inače vodi u zbrkanost životnih ritmova. U tom stanju je priča o snovima kobna, jer čovek, još napola zaklet svetu sna, svojim ga rečima izdaje i mora očekivati njegovu osvetu. Rečeno savremenije: izdaje samog sebe. Napustio je zaštitu snevne naivnosti i predaje se, ne vladajući njima, svojim snoviđenjima. Jer, samo s druge obale, iz okrilja dana, sme se, zahvaljući nekom izrazitijem sećanju, obraćati snu. Ta onostranost sna može biti dosegnuta jedino putem nekog pročišćenja, analognog jutarnjem umivanju, a koje je ipak od njega sasvim različito. Ono prolazi kroz stomak. Onaj ko našte srca govori o snu, kao da o njemu govori još spavajući.

## BR. 113

> Časi što oblik sadrže
> Otekli su u kuću sna.

### Suteren

Davno smo zaboravili ritual koji je upravljao gradnjom kuće našeg života. No, kada je došao čas da ona izdrži juriš i kad neprijateljske bombe već padaju, kakve samo izanđale, neobične starine ne otkrivaju nam one u kućnim temeljima! Šta sve nije bilo zakopano i žrtvovano uz čarobne formule, kakve sve jezovite retkosti nisu tamo dole gde su nadublje jame sačuvane za najsvakodnevnije! Jedne noći ispunjene očajanjem videh se u snu, plahovito obnavljajući prijateljstvo i bratstvo sa svojim prvim drugom iz školskih dana, o kome već decenijama ništa više ne znam i koga se čak i u ovom trenu jedva sećam. Ali, dok sam se budio, postade mi jasno: ono što je očajanje kao eksplozija iznelo na videlo, bio je leš toga čoveka uzidan na tom mestu i valjalo je razumeti da onaj ko ovde i sada stanuje ni u čem ne treba da mu je nalik.

*Predvorje*

Poseta Geteovoj kući. Ne mogu se setiti da li sam u tom snu video sobe. Bio je to niz okrečenih hodnika kao u nekoj školi. Dvoje starih engleskih posetilaca i kustos su statisti u snu. Kustos traži da nešto napišemo u spomen-knjizi koja leži otvorena na prozorskom pultu u najudaljenijem kraju jednog hodnika. Dok joj prilazim, prelistavajući je otkrivam da se u njoj već nalazi moje ime, ispisano velikim slovima, nespretnim dečjim rukopisom.

*Trpezarija*

Sanjao sam sebe u Geteovoj radnoj sobi. Ni najmanje nije bila nalik onoj u Vajmaru. Pre svega, bila je veoma mala i imala samo jedan prozor. Pisaći sto je jednom od svojih kraćih strana dodirivao zid koji je gledao prema tom prozoru. Za stolom je sedeo pesnik, već veoma star, i pisao. Stajao sam po strani, kada on prekide s pisanjem i pokloni mi malu antičku vazu. Okretao sam je u rukama. U sobi je vladala jaka vrućina. Gete ustade i uđe sa mnom u susednu prostoriju gde je bio postavljen dugačak sto za moje rođake. No, sto je izgledao kao da je za veći broj osoba nego što ih je bilo. Nesumnjivo je bilo postavljeno i za pretke. Na desnom kraju stola, zauzeo sam mesto pored Getea. Kada smo završili s obedom, on se s naporom diže a ja kretnjom zamolih za dozvolu da ga pridržim. Tek što mu dodirnuh lakat, zaplakah od uzbuđenja.

## ZA MUŠKARCE

Ubeđivanje je jalovo

## ČASOVNIK KOJI POKAZUJE TAČNO VREME

Za velikane su završena dela lakša od fragmenata na kojima rade celog života. Jer, samo slabiji, rasejaniji, crpi neuporedivo zadovoljstvo u okončavanju i oseća kao da time iznova poklanja sebi svoj život. Geniju svaka vrsta prekida, bilo teški udarci sudbine ili blagotvorni počinak, pada usred marljivog poslovanja njegove lične radionice. I njeno omađijano okružje on određuje u fragmentu. „Genije je marljivi rad."

## VRATI SE! SVE TI JE OPROŠTENO!

Poput nekog ko na vratilu pravi veliki kovit, tako od sebe, kada smo mladi, pravimo točak sreće iz koga onda, pre ili kasnije, proizlazi velika sudba. Jer, jedino ono što smo već s petnaest godina znali ili upražnjavali sačinjava jednoga dana svu našu *attrativa*. I stoga postoji nešto što se nikada više ne može nadoknaditi: propuštena prilika da se pobegne od roditelja. Ta prepuštenost sebi tokom četrdeset i osam časova, u tim godinama, omogućava kristalu životne sreće da se iznedri iz nekog alkalnog rastvora.

## LUKSUZNO NAMEŠTENI DESETOSOBNI STAN

Jedini zadovoljavajući analitički prikaz stila nameštaja druge polovine devetnaestog stoleća nudi istovremeno izvesnu vrstu kriminalističkih romana u čijem je dinamičkom središtu jezovitost stana. Raspored pokućstva je, u isti mah, plan razmeštaja smrtonosnih klopki i nizanje soba propisuje žrtvi putanju njenoga bekstva.

Činjenica da takva vrsta kriminalističkog romana počinje s Poom, dakle u doba kada su takva staništa jedva postojala, ne dokazuje suprotno. Jer, veliki pesnici bez izuzetka kombinuju u svetu koji tek nastaje posle njih; tako, pariskih ulica iz Bodlerovih pesama, kao i književnih likova Dostojevskog, nije bilo pre 1900. godine. Građanski enterijer od šezdesetih do devedesetih godina, sa svojim ogromnim bifeima, nakrcanim duborezom, sa ćoškovima do kojih sunce ne dopire a gde su smeštene palme, s lučnim, isturenim prostorima na balustradi, i dugim hodnicima s pištećim lampama na gas, može odgovarati samo kao sklonište za leševe. „Na ovoj sofi jedino je moguće ubiti tetku." Bezdušna raskoš staništa pravi je komfor tek za neki leš. Mnogo su zanimljiviji od orijentalnih krajolika u kriminalističkim romanima njihovi raskošni orijentalni enterijeri: persijski tepih i otoman, uljna svetiljka i otmeni kavkaski bodež. Iza teških, nabranih ćilimova, orgija sa svojim vrednosnim papirima može se zamišljati kao levantinski trgovac, kao gnjili paša u kanatu gnjile zamađijanosti, sve dok mu onaj bodež u srebrnim koricama iznad divana jednog lepog poslepodneva ne okonča sijestu, i život. Taj je karakter građanskog stana, koji drhteći sanja o nekom bezimenom ubici kao što pohotna starica sanja o nekom udvaraču, opazila nekolicina autora koji su, kao „pisci krimića", možda i zbog toga što se u njihovim spisima izražava komadić građanskog pandemonijuma, dospeli do zasluženih časti. U pojedinim svojim delima, Konan Dojl, a u velikoj produkciji i spisateljka A. K. Grin, otkrili su ono što ovde mora biti shvaćeno; s *Fantomom iz Opere*, jednim od velikih romana o XIX stoleću, Gaston Leru je taj rod doveo do apoteoze.

## KINESKI PROIZVODI

U našim danima niko ne sme da se zainati na onome što „ume". Snaga leži u improvizaciji. Svi odlučni potezi učinjeni su levom rukom.

Kapija se nalazi na početku dugačkog puta, koji silazeći, vodi do kuće..., žene koju sam posećivao svake večeri. Kada je ona bila razodenuta, otvoreni luk kapije zjapio je tada preda mnom poput školjke nekog uha koje je izgubilo sluh.

Dete u noćnoj košulji odbija da se pomakne kako bi pozdravilo pridošlicu. Prisutni ga, sa svog superiornog moralnog gledišta, uzalud podstiču da nadvlada svoju stidljivost. Nekoliko minuta kasnije izlazi on pred posetioca, ovaj put golcat kao od majke rođen. U međuvremenu se oprao.

Snaga seoskog puta je drukčija ako neko njime ide pešice ili ga nadleće avionom. Tako je i sa snagom nekog teksta; razlikuje se ako ga čitamo ili prepisujemo. Ko leti, vidi jedino kako se put pruža kroz krajolik: odmotava se pred njegovim očima po istim zakonitostima poput terena koji ga okružuje. Samo onaj ko pešači tim putem, spoznaje nešto od njegove vladavine i spoznaje kako iz tog prostranstva, koje je za letača tek razvijena ravan, na svakom okretu istupaju daljine, belvederi, proplanci, perspektive, kao kada na poziv komandanta vojnici izlaze iz stroja. Jedino prepisivani tekst tako komanduje duši onoga koji radi na njemu, dok puki čitalac nikada ne upoznaje nova obzorja svoje unutrašnjosti kakve raskrčuje tekst, put kroz sve gušću prašumu u nama: jer čitalac se potčinjava kretanju svoga ja u nesputanom prostoru sanjarije, prepisivaču je, pak, dopušteno, da njime komanduje. Stoga je kineska umetnost prepisivanja knjiga bila neuporedivo jamstvo književne kulture, a prepis – ključ za zagonetke Kine.

# RUKAVICE

Osećanje koje preovlađuje u odvratnosti prema životinjama jeste strah da nas, kad ih dodirujemo, ne prepoznaju. Ono što se duboko u čoveku užasava jeste tamna svest da u njemu živi nešto tako malo tuđe ogavnoj životinji koja bi to odmah prepoznala. – Sva se odvratnost svodi, izvorno, na odvratnost prema dodirivanju. Čak i savlađivanje izmiče tom osećaju jedino umnogostručenim i preteranim gestovima: ono odvratno je jako stisnuto, potrošeno, dok zona najfinijeg epidermalnog dodira ostaje tabu. Jedino tako se može udovoljiti paradoksu moralnog zahteva koji od čoveka iziskuje, istovremeno, prevazilaženje i najsuptilnije izgrađivanje osećaja odvratnosti. Čovek ne sme da porekne bestijalno srodstvo sa stvorenjem na čiji poziv uzvraća svojom odvratnošću: mora zagospodariti nad njim.

## MEKSIČKO POSLANSTVO

> Nikada ne prođem pored nekog fetiša od drveta, nekog pozlaćenog Bude, nekog meksičkog idola, a da sebi ne kažem: možda je to pravi bog.*
>
> *Charles Baudelaire*

Sanjao sam da sam član jedne istraživačke ekspedicije u Meksiku. Pošto smo prošli gustu prašumu, u planini otkrismo sistem pećina gde se, još iz vremena prvih misionara do danas, održao red čija su braća među domorocima produžavala delo preobraćanja. Božja služba po najstarijem ritualu vršila se u ogromnoj, s gotički zatvorenim svodom, središnjoj pećini. Ušli smo unutra i mogli da vidimo glavni deo: prema drvenom poprsju Boga Oca, okačenom veoma visoko negde na zidu pećine, sveštenik je uzdizao neki meksički fetiš. Tada bi Božja glava tri puta odmahnula, zdesna na levo.

---

* Benjamin navodi Bodlera na francuskom: Je ne passe jamais devant un fétiche de bois, un Bouddha doré, une idole mexicaine sans me dire: C'est peut-être le vrai dieu. *(Prim. prev.)*

## OVI ZASADI POVERENI SU ZAŠTITI PUBLIKE

Šta je „rešeno". Ne ostaju li sva pitanja proživljenog života za nama poput šumarka koji nam je zaklanjao pogled? Jedva da pomišljamo na to da ga iskrčimo ili bar proredimo.

Produžavamo dalje, ostavljamo ga za sobom i iz daljine još ga možemo, doduše, nazreti, ali nejasno, nerazgovetno i utoliko zagonetnije zamršen.

Komentar i prevod odnose se prema tekstu kao stil i mimesis prema prirodi: ista pojava, u različitim perspektivama. Na drvetu iz svetog teksta, oboje je samo lišće koje večno šumi, a na drvetu iz profanog teksta – plodovlje koje otpada kad mu dođe vreme.

Ko voli, ne vezuje se jedino za „nedostatke" voljene, za tikove i slabosti žene; drže ga bore na licu, pege od obolele jetre, istrošene haljine i nespretan hod, trajnije i neumitnije od ma kakave lepote. Za to se odavno zna. A zašto? Ako je tačan nauk koji veli da se čuvstvo ne gnezdi u mozgu, da mi neki prozor, oblak, drvo ne opažamo u mozgu nego baš na mestu gde ih vidimo, mi smo onda i u pogledu upućenom našoj voljenoj izvan sebe. Ali tu svirepo nategnuti i zaneti. Zasenjeno, čuvstvo leprša poput jata ptica u sjaju žene. I poput ptica koje zaštitu traže u lisnatim zaklonima drveta tako se čuvstva sklanjaju u senovite bore, kretnje bez ljupkosti i diskretne mrlje voljenog tela, i tu se prikrivaju u sigurnom zaklonu. I nijedan prolaznik ne pogađa da se upravo tu, u nedostacima i manama, gnezdi strelovita ljubavna želja obožavaoca.

## GRADILIŠTE

Budalasto je štedeti pedantno na proizvodnji predmeta – nastavna sredstva, igračke ili knjige – namenjenih deci. Još od prosvetiteljstva, to je jedna od najdžangrizavijih spekulacija pedagoga. Njihovo oduševljenje za psihologiju ometa ih da vide da je zemlja puna neuporedivih predmeta koji se nude dečjoj pažnji i aktivnosti. Najprilagođenijih. Deca su, naime, posebno sklona da traže sva ona mesta, radionice, gde se vidljivo izvodi neki rad na stvarima. Osećaju se neodoljivo privučena otpacima koji nastaju prilikom zidanja, vrtnog ili kućnog rada, kod krojačkih ili stolarskih poslova. U otpadnom materijalu ona prepoznaju lice koje upravo njima, samo njima, pokazuje svet stvari. Ona otpatke manje koriste da bi oponašali dela odraslih nego pre da putem njih, zahvaljujući onome što uspevaju da naprave u svojoj igri, uspostave novi, skokoviti odnos između sasvim različitih prirodnih materija. Time deca stvaraju sopstveni svet stvari, mali svet u velikom. Uvek bi trebalo imati na pameti norme tog malog sveta stvari ako hoćemo planski da stvaramo za decu a da se ne pretpostavlja (svojstvena delatnost sa svim onim što obuhvata kao rekvizit i instrument) da će se put do njih sam otkriti.

# MINISTARSTVO UNUTRAŠNJIH POSLOVA

Što je čoveku omraženija svaka predaja utoliko će se nemilosrdnije njegov privatni život podvrgnuti normama od kojih bi on hteo da načini zakonitosti nekog nadolazećeg društvenog stanja. Kao da ga te norme obavezuju, još nigde ostvarene, da ih predoblikuje bar u sopstvenom privatnom životu. Međutim, čovek koji sebe vidi u saglasnosti s najstarijim predanjima svoga društvenog mesta i svoga naroda, može – ako mu se ukaže prilika – da svoj privatni život naočigled svih dovede u suprotnost prema maksimama koje on nemilosrdno zastupa u javnom životu i da sopstveno ponašanje potajno, ni najmanje ne opterećujući svoju savest, smatra najubedljivijim dokazom stamenog autoriteta načela koja obznanjuje. Tako se razlikuju dva tipa političara, konzervativni i anarhosocijalistički.

## ZASTAVA

Kako je lakše voleti onoga koji odlazi! Jer plamen za onoga koji se udaljava gori čistije, hranjen prolaznim komadićem platna kojim se maše s broda ili s pozora vagona. Udaljavanje poput supstance za bojenje osvaja onoga koji nestaje i prožima ga nežnom užarenošću.

## ... NA POLA KOPLJA

Ako umire neka bliska nam osoba, tada u promenama potonjih meseci nastaje nešto, čini nam se da zapažamo, što bismo tako rado s njom podelili a moglo je da se razvije jedino zahvaljujući tek njenoj odsutnosti. Pozdravljamo je, konačno, jezikom koji ona već više ne razume.

## CARSKA PANORAMA

*Putovanje kroz nemačku inflaciju*

I. U obilju govornih izraza u kojima se svakodnevno ispoljavaju glupost i kukavičluk u načinu života nemačkog građanina osobito se izdvaja onaj vezan za očekivanu katastrofu, kao što je „to dalje tako ne može". Bespomoćno hvatanje za ideje o bezbednosti i posedu iz proteklih decenija sprečavaju Nemca srednjeg sloja da zapazi izuzetno značajne stabilnosti, sasvim nove vrste, na kojima počiva savremena situacija. Pošto mu je relativna stabilnost predratnih godina pogodovala, on smatra da na svako stanje koje ga lišava poseda mora da gleda kao na nestabilno. Ali, nikada i nigde nije nužno da stabilne situacije budu i prijatne situacije, a već pre rata postojali su društveni slojevi za koje su se stabilizovani odnosi sastojali u stabilizovanoj bedi. Propadanje nije ništa manje stabilno, ništa manje čudesno od uspona. Jedino računica, koja bi propast priznala kao jedini *ratio* sadašnjeg stanja, mogla bi da prevaziđe sanjivu zaprepašćenost nad pojavom koja se zapravo svakodnevno ponavlja, a da pojave propadanja dočeka kao nešto apsolutno stabilno, te izbavljenje kao nešto izvanredno što dira gotovo u čudesno i neshvatljivo. Narodi Srednje Evrope žive kao stanovnici nekog grada pod opsadom kome namirnice i barut počinju da se smanjuju i koji, po ljudskim merilima, jedva da se mogu nadati spasu. To je slučaj u kojem bi se pitanje predaje, na milost i nemilost, moralo najozbiljnije odvagnuti. No, nema i nevidljiva moć s kojom se Srednja Evropa suočila ne pregovara. I tako ne ostaje ništa drugo nego svoj pogled, u neprestanom iščekivanju poslednjeg juriša, uperiti prema izvanrednom koje još jedino može da donese spasenje. Ali, to stanje puno krajnje napregnutosti, koje ne ostavlja mogućnost čak ni za kakvu jadikovku, moralo bi stvarno da dovede do čuda, budući da smo mi već u tajnim kontaktima sa opsadnim snagama. Naprotiv, oni koji se još nadaju, jer „to više ne može dalje tako", naučiće jednoga dana da za patnju pojedinca, kao i ljudskih zajednica, postoji samo jedna granica preko koje se dalje ne može više ići: uništenje.

II. Neobičan paradoks: kada delaju, ljudi imaju na umu samo najuskogrudiji privatni interes, ali jesu istovremeno u svome ponašanju više nego ikada određeni instinktima mase. I više nego ikada masovni instinkti su u zabludi i životu postali tuđi. Tamo gde tamni instinkt životinje – kako se to priča u mnogim anegdotama – pred bliskom, naoko još nevidljivom opasnošću nalazi izlaz, to društvo, naprotiv, čiji svaki pojedinačni član gleda jedino na sopstveno, prizemno blagostanje, stropoštava se pred svakom, ma i najočiglednijom opasnošću, i to sa životinjskom tupavošću, ali bez tupavog znanja životinje. Raznolikost individualnih ciljeva, pak, biva beznačajna pred identitetom determinantnih snaga. I tako se stalno iznova pokazuje da kačenje društva za običan, ali sada već davno izgubljen život, jeste tako kruto da osujećuje, čak i pred najdrastičnijom opasnošću, upravo ljudsko korišćenje pameti, predviđanja. Tako se, pred opasnošću, slika gluposti upotpunjava: nesigurnost, čak perverzija vitalnih instinkata, i nemoć, pa propadanje intelekta. To je ukupno stanje nemačkih buržuja.

III. Sve intimne međuljudske veze poprimaju gotovo nepodnošljivu, prodornu jasnost, u kojoj se jedva mogu održati. Kako je novac, s jedne strane, na hegemoni način, u središtu svih životnih interesa, a s druge strane je upravo to međa na kojoj prestaje gotovo svaki ljudski odnos, onda sve više i više, u prirodnom, kao i u moralnom području, nestaju nepromišljeno poveravanje, spokoj i zdravlje.

IV. Ne govori se zalud obično o „goloj" bedi. Ono što je najkobnije u javnom izlaganju bede, koja po zakonu nužde prodire u moral i pokazuje tek hiljaditi deo onoga što je skriveno, nije samilost ili pak svest podjednako strašna po sopstvenoj neosetljivosti koliko i prizor što ga budi u onome koji je posmatra, nego stid te svesti. Nemogućno je živeti u nekom nemačkom velegradu u kojem glad prisiljava najbednije da žive od novčanica kojima prolaznici pokušavaju da pokriju golotinju koja ih ranjava.

V. „Nije nečasno biti siromašan." Veoma dobro. Ipak, oni obeščašćuju siromašnog. Obeščašćuju ga i teše izrekom da siromaštvo nije porok. I to potiče od onih za koje je još donedavno važilo da je njihov čas odavno odzvonio. To se ne razlikuje od onog brutalnog „ko ne radi, taj ne treba ni da jede". Kada je postojao rad koji je hranio svog čoveka, postojalo je i siromaštvo koje ga nije obeščašćivalo ako bi ga pogodila neka recesija ili druga sudba. Ali, postoji nešto sramno u toj oskudici u koju su oburvani milioni, kojom su pogođene stotine hiljada osiromašenih ljudi. Prljavština i beda rastu oko njih poput visokih zidova, kao dela nevidljivih ruku. Kao što pojedinac za sebe može mnogo da izdrži, ali oseća pravi stid kad ga njegova žena, koja i sama trpi, vidi takvog, tako i pojedinac ima pravo mnogo da trpi dokle god je sam, i da trpi sve dokle god to krije. Ali, niko nema prava da zaključi separatni mir sa siromaštvom ako ono, kao divovska senka, pada na njegov narod i njegov dom. Tada on treba da drži budnim svoja čula za svako poniženje koje im se nameće i disciplinuje ih dotle dok njegove patnje ne probiju ne ulicu punu jada, nego uzlazni drum revolta. No, ovde nema osnova za nadu dokle god se o najstrašnijoj, najmračnijoj sudbini svakoga dana, pa i svakog časa raspravlja u štampi, te objašnjava svakojakim prividnim uzrocima i prividnim posledicama, što nikome ne pomaže da spozna tamne slike koje su porobile njegov život.

VI. Strancu koji površno prati unutrašnje obličje nemačkog života, i koji je čak nakratko proputovao zemlju, njeni stanovnici izgledaju podjednako neobični kao i neki egzotični narodi. Neki produhovljeni Francuz je rekao: „U najređim slučajevima, nekom Nemcu će biti jasno ko je on. Ako jednom zna ko je, on to neće reći. Rekne li, tada sebe neće razumeti." Samo rat sa stvarnim i legendarnim sramnim delima, koja se pripisuju Nemcima, nije možda dovoljan da bi povećao tu beznadnu rastavljenost. Ono što u očima ostalih Evropljana, štaviše, tek upotpunjava groteskno izolovanje Nemačke, što – u osnovi – budi u njima pomisao da kada je reč o Nemcima imaju posla s Hotentotima (kako se o Nemcima inače veoma tačno govrilo), to je za one koji stoje sa strane sasvim neshvatljivo, a za zatočenike potpuno nesvesno nasilje, kojim životne okolnosti, beda i glupost potčinjavaju ljude na ovoj pozornici silama zajednice, kao što samo život nekog primitivca može biti potčinjen pravilima klana. Najevropskije od svih dobara, ta više ili manje jasna ironija, s kojom život pojedinca pretenduje da se odigra u disparatnosti od egzistencije kakve god bilo zajednice, u koju je bačen, jeste dobro koje su Nemci sasvim izgubili.

VII. Sloboda razgovora se gubi. Ako je ranije po sebi bilo razumljivo da čovek u razgovoru treba da shvati svog sabesednika, sada je to zamenjeno pitanjem o ceni njegovih cipela ili njegovog kišobrana. U svakoj konverzaciji neizbežno izbija u prvi plan tema koštanja života, tema novca. Pri tom se manje govori o brigama i mukama pojedinca, u kojima bi se možda moglo međusobno pomoći, nego se razmatra opšta situacija. To je kao kada bi neko bio zatvoren u pozorištu i prisiljen, hteo to ili ne, da prati komad i da taj komad bude neprekidno, hteo to ili ne, predmet njegovog razmišljanja i govora.

VIII. Onaj ko se ne prihvata razmatranja propasti, smesta će preći na zahtevanje posebnog opravdanja za svoje prisustvo, svoju delatnost i svoje učešće u tom haosu. Otuda mnogi uvidi u opšte pokleknuće, mnogi izuzeci za sopstveno područje delovanja, svoje mesto stanovanja i svoj trenutak. Gotovo svuda preovlađuje slepa volja da se spase prestiž lične egzistencije pre nego da se, barem suverenom procenom njene nemoći i paralize, oslobodi opšte zaslepljenosti koja joj služi kao pozadina. Zato je vazduh presićen teorijama o životu i pogledima na svet, i zato te teorije i pogledi izgledaju ovde tako pretenciozno, jer – konačno – gotovo uvek se radi o osveštenju neke potpuno beznačajne privatne situacije. Upravo zato je vazduh i pun iluzija i fatamorgana o nekoj kulturnoj budućnosti koja bi uprkos svemu iskrsla, procvetavši prekonoć, jer svako je zadužen za optičke varke koje proizilaze iz njegovog izolovanog stanovišta.

IX. Ljudi, koji su zatočeni u okružje ove zemlje, izgubili su čulo razaznavanja obrisa ljudske ličnosti. Svaki slobodan im čovek izgleda kao čudak. Kako god zamišljali gornjoalpski planinski masiv, on se ipak ne ocrtava na nebu nego na prevoju neke crne marame. Moćni oblici se ističu tek nerazgovetno. Tačno tako je neka teška zavesa prekrila nebo Nemačke i ne vidimo više čak ni profil najvećih ljudi.

X. Toplina nestaje iz stvari. Predmeti za dnevnu upotrebu potiskuju čoveka blago ali neumoljivo. Ukratko, on svakodnevno ima da obavi ogorman rad da bi nadišao tajne, a ne samo otvorene otpore koji mu se suprotstavljaju. Njihovu hladnoću mora da nadoknadi sopstvenom toplotom da se ne bi ukočio u dodiru s njima, i njihove bodlje da hvata s beskrajnom umešnošću da ne bi prokrvario. Nikakvu pomoć ne očekuje od bližnjih.

Konduktér, činovnik, zanatlija i prodavac – svi se oni osećaju kao zastupnici neke jogunaste materije čiju se opasnu prirodu oni upinju da osvetle svojom grubošću. A sama zemlja u dosluhu je s tim odrođavanjem stvari koje im omogućava, sledeći ljudsko propadanje, da je kazne. Zemlja, kao i stvari, nagriza čoveka, a nemačko proleće koje, večno, ne stiže, tek je jedna od mnogih srodnih pojava raspadajuće nemačke prirode. U njoj živimo tako kao da je pritisak vazdušnog stuba, čiji teret svako nosi, odjednom, uprkos svakom zakonu, postao osetan na tom odsečku zemlje.

XI. Razviće svakog ljudskog pokreta, podstrekavanog duhovnim ili čak prirodnim impulsima, nailazi na bezmerni otpor okoline. Stambena oskudica i skok cena prevoza udružuju se da bi potpuno uništili elementrni znamen evropske slobode, slobodnu seobu, koji je u izvesnim oblicima bio pripisivan čak srednjem veku. I, ako je srednjovekovna prinuda okivala čoveka prirodnim sponama, sada je on u lancima protivprirodne zajednice. Malo je stvari koje tako ojačavaju kobno nasilje nad nomadskim instinktom kao što to čini gušenje pomenute slobode seljenja, i nikada nesrazmera između slobode kretanja i obilja sredstava za prevoz nije bila veća.

XII. Sve stvari, uronjene u nezadrživi proces mešanja i onečišćavanja, gube svoj suštinski izraz i dvosmislenost stupa na mesto autentičnog; tako se dešava i s gradom. Velegradovi – čija neuporedivo umirujuća i krepeća moć obuhvata stvaraoca kao da je u nekom utočištu u srednjovekovnom zamku i može, pogledom na obzorje, da ga takođe rasereti svesti o uvek budnim elementarnim snagama – pokazuju se na svim mestima prožeti prodornim selom. Ne krajolikom nego onim što slobodna priroda ima od najgorčeg, oranicama, drumovima, noćnim nebom koga ne prikriva više nikakav crvenovibrantni sloj. Sama nesigurnost živih četvrti potapa varošanina potpuno u tu neprozirnu i, u najvišem stepenu, okrutnu situaciju u kojoj on mora svakodnevno da trpi prizor tvorevina gradske arhitektonike pod nepogodama opustele ravnice.

XIII. Gospodstvena ravnodušnost prema sferama bogatstva i siromaštva potpuno je napustila danas proizvedene stvari. Svaka udara žig na svog posednika čiji je jedini izbor da izgleda kao bednik ili profiter. Jer, ako duh i druželjublje mogu da prožmu istinski luksuz i bace ga u zaborav, ono što se ovde od luksuzne robe razbaškaruje – izlaže pogledu tako bestidnu masivnost da se svako duhovno zračenje u dodiru s tim lomi.

XIV. Najstariji narodni običaji izgleda da nas upozoravaju: pazimo se od gramzivih gestova kad se nađemo pred onim što od prirode primamo u takvom izobilju. Jer, nemamo ništa što bismo od svoga poklonili, zauzvrat, majci zemlji. Zbog toga je red da iskazujemo duboko štovanje kada uzimamo, vraćajući deo od svega što primamo, čak i pre nego što smo se svoga dočepali. To se duboko štovanje izražava u drevnom običaju *libatio*. Možda je to čak ono prastaro moralno spoznanje koje se, preobraženo, odražava u zabrani prikupljanja zaboravljenog klasja i sabiranja otpalih grozdova, pošto je ono namenjeno zemlji ili plodotvornim precima. Po atinskom običaju bilo je zabranjeno skupljanje mrvica tokom obeda, jer one pripadaju herojima. – Ako se jednom društvo zbog nužde ili gramzivosti izrodi dotle da darove prirode može da prima samo još otimačinom, dotle da bere još zelene plodove da bi ih nosio na tržnicu, i dotle da liže svaki tanjir da bi bio samo još gladniji, njegovo će tlo osiromašiti a zemlja donositi slabe žetve.

## JAVNI RADOVI

U snu videh pusti kraj. Bio je to pijačni trg u Vajmaru. Sve je na njemu bilo u neredu. I ja malo počeprkah u pesku. Tada se pojavi vrh nekog crkvenog tornja. Ponesen, pomislih: meksičko svetilište iz preanimističkog doba, Anakivicli. Probudio sam se smejući. (Ana = a'va'; vi = vie, vic = meksička crkva [!])

## FRIZER ZA ZAHTEVNE DAME

Potrebno je, jednoga jutra, bez ijedne reči, tri hiljade dama i gospode s *Kurfürstendamm-a* zatvoriti u njihove postelje i držati ih zatočene četrdeset i osam časova. U ponoć deli se po ćelijama upitnik o smrtnoj kazni, i od potpisnika se traži da naznače koju bi, lično, u datim slučajevima, vrstu egzekucije izabrali. Ovaj obrazac treba da ispune za određeno vreme i sa „svom mogućnom iskrenošću" oni koji uobičavaju da se, nepitani, izjašnjavaju „po svojoj savesti". Uoči zore, od davnina svete, ali ovde posvećene krvniku, pitanje smrtne kazne bilo bi razjašnjeno.

## PAŽNJA, STEPENICE!

Rad na dobroj prozi ima tri stepenika: muzički, na kome se komponuje, arhitektonski, na kome se gradi, i tekstilni, na kome se ona tka.

## ZAKLETI RAČUNOISPITAČ*

Sadašnje doba je, u opštem pogledu, u kontrastu s dobom renesanse, a – u posebnom – sa situacijom kada je otkrivena umetnost štampanja knjiga. Bilo to slučajno ili ne, njena pojava u nemačkoj pada u vreme kada je knjiga, u eminentnom smislu te reči, Knjiga nad knjigama, zahvaljujući Luterovom prevodu Biblije, postala opštepristupačno narodno dobro. Sada sve ukazuje na to da se knjiga, u tom tradicionalnom vidu, primiče svome kraju. Malarme je bio taj koji je – kada je usred kristalografske konstrukcije svoga svakako tradicionalističkog spisateljskog dela opazio pravu sliku onoga što nadolazi – po prvi put, sa *Un coup de dés,* grafičke napone

---

* Autorova igra reči. Računoispitač, Bücherrevisor, znači doslovno *onaj ko kontroliše knjige. (Prim. prev.).*

reklame ugradio u tipografsku sliku. Pokušaji pisanja kojih će se potom poduhvatiti dadaisti ne potiču nikako iz duha za konstruisanje nego iz pouzdanih nervnih reakcija literata. Otuda je to bilo nešto mnogo manje postojano nego Malarmeov pokušaj koji vodi poreklo iz same biti njegovog stila. No, upravo time je mogla da se prepozna aktualnost onoga što je, kao monadu, u svojoj zatvorenoj sobi, otkrio Malarme u prestabilizovanoj harmoniji sa svim presudnim događajima naših dana, u privredi, tehnici, javnom životu. Našavši utočište u štampanoj knjizi, gde je vodilo svoj nezavsini život, pisanje je bilo nemilosrdno isterano putem reklama na ulicu i podvrgnuto brutalnim heteronomijama privrednog haosa. To je strogo školovanje njegovog novog oblika. Počevši pre mnogo stoleća da se postupno spušta, od uspravnog ispisivanja do rukopisa koji koso počiva na pultovima, da bi konačno, u štamparstvu, poleglo, ono se sada iznova, podjednako lagano, podiže s tla. Novine su već čitanije okomito nego u horizontali, a film i reklama prinudile su pisanje da se potpuno potčini diktaturi vertikale. I pre nego što će današnji čovek stići da otvori neku knjigu, u oči će mu upasti strašni kovitlac nepostojanih, živopisno obojenih, sukobljenih slova tako da su šanse da prodre u arhajsku tišinu knjige postale veoma slabe. Skakavičji oblaci pisma, koji već danas zatamnjuju sunce navodnog duha velegrađana, sa svakom idućom godinom bivaće sve gušći. Druge potrebe društvenog života vode dalje. Kartoteka omogućava osvajanje trodimenzionalnog pisma, dakle iznenađujući kontrapunkt prema trodimenzionalnosti pisma u doba njegovih početaka, kao rune ili čvorovi. (A već danas je knjiga, kako pokazuje današnji način naučne produkcije, zastareli posrednik između dva kartotečka sistema. Jer, sve bitno nalazi se u kutiji s karticama istraživača koji je knjigu sastavio, a naučnik koji radi na njoj asimiluje je u sopstvenu kartoteku.) No, sasvim je izvan sumnje da razviće pisma neće unedogled ostati vezano za pretenzije na moć izvesne haotične aktivnosti u nauci i ekonomiji. Nailazi trenutak, štaviše, kada se kvantitet pretvara u kvalitet i kada će se pismo, koje sve dublje prodire u grafičko područje predstavljeno njegovom novom, ekscentričnom slikovnošću, jednim zahvatom dočepati svoje adekvatne sadržine. Pesnici koji će tada biti, kao u najranijim vremenima, najpre i pre svega krasnopisci, mogu jedino da sarađuju na tom slikovnom pismu ako sebi približe polja (ne praveći veliki slučaj od njega) na kojima se odigrava njegovo konstituisanje, putem statističkog i tehničkog dijagrama. Zasnivanjem međunarodnog konvertibilnog pisma, oni će obnoviti svoj autoritet u životu naroda i pronaći ulogu u poređenju s kojom će se sve aspiracije na obnovu retorike pokazati kao starofranačke sanjarije.

## NASTAVNA SREDSTVA

*Principi knjižurina ili umetnost pravljenja debelih knjiga*

I. Čitavo izvođenje mora biti prošarano neprekidnim i pričljivim izlaganjem plana.

II. Valja uvoditi termine za pojmove koji se, izvan te definicije, u celoj knjizi uopšte više ne pojavljuju.

III. U osnovnom tekstu mučno stečene pojmovne distinkcije moraju ponovo da se izgube u napomenama uz odgovarajuća mesta.

IV. Valja davati primere za pojmove o kojima se govori samo u njihovom opštem značenju: tamo gde je, na primer, reč o mašinama, treba nabrojati sve vrste istih.

V. Sve što se *a priori* ustanovljuje o nekom objektu, valja snabdeti gomilom primera.

VI Grafički predstavljene relacije moraju biti opisane i rečima. Na primer, umesto da se samo nacrta genealoško stablo, oslikati i opisati sve veze srodstva.

VII. Više protivnika, koji imaju istu argumentaciju, pobijati svakog posebno.

Osrednje delo današnjeg naučnika iziskuje da bude čitano kao katalog. Ali, kada ćemo doći dotle da knjige pišemo kao kataloge? Ako unutrašnjost slabog kvaliteta u tom obliku dospe napolje, tada nastaje izuzetno spisateljsko delo u kome je vrednost mišljenja označena brojkama a da zbog toga ipak nisu na prodaju.

Pisaća mašina će pernicu otuđiti, od ruke literate tek onda kada preciznost tipografskog oblikovanja bude neposredno ušla u koncepciju njegovih knjiga. Tada će nam verovatno trebati novi sistem s gipkijim pismovnim oblikovanjem. Ti sistemi će inervaciju prstiju koji izdaju naredbe staviti na mesto pokretne ruke.

Metrički koncipovana perioda, čiji je ritam zatim uzburkan na jednom jedinom mestu, stvara najdivniju proznu rečenicu koja se može zamisliti. Tako, kroz malu pukotinu na zidu, zrak svetlosti pada u alhemičarevu radionicu i izaziva iskrenje kristala, kugli i trouglova.

## NEMCI, PIJTE NEMAČKO PIVO!

Svetina je opsednuta frenetičnom mržnjom prema duhovnom životu, spoznavši da je najsigurnije sredstvo za njegovo uništenje brojanje tela. Kad god im se dopusti, ona se postrojavaju, marširaju u strogom poretku prema osutoj paljbi ili prema nekoj robnoj kući. Niko ne vidi dalje od leđa onoga ispred sebe i svak je ponosan da u takvom vidu bude uzor za onoga koji ga sledi. To su muškarci naučili na bojnom polju još pre mnogo vekova, ali žene su te koje su otkrile paradni marš bede: čekati u redu.

## ZABRANJENO LEPLJENJE PLAKATA!

*Piščeva tehnika u trinaest teza*

I. Onaj ko namerava da se baci na pisanje nekog većeg dela, neka živi ugodno i sebi dopušta, nakon ispunjenih obaveza, sve što ne škodi nastavku rada.

II. Ako hoćeš, govori o završenim delovima, ali nikome ne čitaj iz onoga što je još u toku rada. Svako zadovoljstvo koje time sebi učiniš, usporava tvoj tempo. Držeći se takvog režima, neprestano rastuća želja za saopštavanjem najposle postaje podstrek da delo završiš.

III. U svojim radnim uslovima pokušaj da izbegneš osrednjost svakodnevice. Polumir, praćen dosadnim šumovima, ponižava. Muzička etida ili preplitanje glasova mogu, naprotiv, biti podjednako važni za rad kao i razgovetna tišina noći. To izoštrava unutrašnje uho, pa tako ono postaje probni kamen izvesne dikcije u čijem izobilju mogu počivati čak i ekscentrični šumovi.

IV. Izbegavaj da se služiš bilo kojim pisaćim priborom. Pedantna privrženost određenoj vrsti papira, izvesnim perima, mastilima – od koristi je. Nije to luksuz, nego je obilje tih spravica neophodno.

V. Ne dozvoli nijednoj misli da prođe *incognito* i na svoju beležnicu pazi strogo kao što to državni činovnici čine s registrom stranaca.

VI. Učini svoje pero oporim na nadahnuće, pa će te ono k njemu privući magnetskom snagom. Što s više opreza postupaš prilikom obrade neke pomisli, utoliko će ti zrelijom, razvijenijom, biti darovana. Govor osvaja misao, ali pisanje ovladava njome.

VII. Nikada ne prekidaj s pisanjem zato što ti ništa više ne pada na pamet. Nalog je književne časti prekidati samo onda kada treba uvažiti neki termin (obed, zakazani sastanak) ili kada je delo okončano.

VII. Prekide u nadahnuću ispunjavaj prepisivanjem učisto završenih delova. Intuicija će se već, u međuvremenu, probuditi.

IX. *Nulla dies sine linea*\* – ali tokom mnogih sedmica .

X. Nikada ne smatraj okončanim delo nad kojim nisi još jednom odsedeo od večeri do sledećeg jutra.

XI. Zaključak dela ne piši u sobi gde inače radiš. U njoj nećeš naći potrebnu odvažnost.

---
\* Lat.: Ni dana bez retka. *(Prim. prev.)*

XII. Stupnjevi redigovanja: ideja – stil – pismo. Smisao prepisivanja učisto jeste da usmeri pažnju samo još na kaligrafiju. Ideja ubija nadahuće, stil okiva ideju, pismo isplaćuje stil.

XIII. Delo je posmrtna maska koncepcije.

### Trinaest teza protiv snobova

(Snob u privatnoj kancelariji umetničke kritike. Levo je dečji crtež, desno – fetiš. Snob: „Pred tim ceo Pikaso može da se spakuje.")

| | |
|---|---|
| I. Umetnik stvara delo. | Primitivac se izražava u dokumentima. |
| II. Umetničko delo je samo uzgred dokument. | Nijedan dokument nije kao takav umetničko delo. |
| III. Umetničko delo je remek-delo. | Dokument služi kao nastavno sredstvo. |
| IV. Na umetničkom delu umetnici peku zanat. | Pred dokumentima se vaspitava publika. |
| V. Umetnička dela su međusobno udaljena zbog njihovog savršenstva. | Svi dokumenti komuniciraju u materijalnom elementu. |
| VI. Sadržaj i oblik su jedno u umetničkom delu: nosivost. | U dokumentima u potpunosti vlada materija. |
| VII. Nosivost je ono što je oprobano. | Materija je ono što je sanjano. |
| VIII. U umetničkom delu materija je balast kojeg refleksija odbacuje. | Što se više gubi na dubini dokumenta, utoliko je materija gušća. |
| IX. U umetničkom delu zakon forme je centralan. | U dokumentu forme su samo razbucane. |

| | |
|---|---|
| X. Umetničko delo je sintetično: električna centrala. | Plodnost dokumenata iziskuje analizu. |
| XI. Ponavljano posmatranje umnogostručava umetničko delo. | Dokument zanosi samo iznenađenjem. |
| XII. Muževnost dela je u napadu. | Dokumentu njegova nevinost služi kao pokriće. |
| XIII. Umetnik ide na pokoravanje nosivostî. | Primitivni čovek se ušančuje iza materije. |

*Tehnika kritičara u trinaest teza*

I. Kritičar je strateg u borbi za književnost.
II. Ko se ne može prikloniti nekoj strani, taj mora da ćuti.
III. Kritičar nema ništa zajedničko s tumačem umetnosti minulih epoha.
IV. Kritičar mora da govori jezikom umetnika. Jer, pojmovi *cénaclea*\* su gesla. A samo u geslima ore se bojni pokliči.
V. „Objektivnost" mora biti uvek žrtvovana duhu stranke ako je toga vredna stvar zbog koje se polazi u borbu.
VI. Kritika je stvar morala. Ako se Gete prevario u Helderlinu i Klajstu, Betovenu i Žanu Paulu, to se ne tiče njegovog razumevanja umetnosti nego njegovog morala.
VII. Za kritičara su njegove kolege najviša instanca. Ne publika. Ponajmanje potomstvo.
VIII. Potomstvo zaboravlja ili slavi. Jedino kritičar sudi sučelice autoru.

---

\* U izvorniku, na francuskom, *Cénacle,* kružok, klub. *(Prim. prev.)*

IX. Polemika je uništavanje knjige s nekoliko citata. Što se ona manje izučava, utoliko bolje. Samo onaj ko može da uništava, može da kritikuje.
X. Prava polemika gustira knjigu nežno kao što ljudožder priprema sebi neko odojče.
XI. Umetnički zanos je kritičaru stran. Umetničko delo je u njegovim rukama belo oružje u borbi duhova.
XII. Umetnost kritičara *in nuce:*\* kovati krilatice, ne izdajući ideje. Krilatice neke nedovoljne kritike rasprodaju ideje u bescenje u korist mode.
XIII. Publika neprestano mora da smatra nepriznatim svoja prava, a ipak da se oseća uvek zastupljenom u kritičaru.

## BR. 13

Treize – j'eus un plaisir cruel de m'arretêr sur ce nombre.

*Marcel Proust*\*\*

Le reploiment vierge du livre, encore, prête à un sacrifice dont saigna la trnche rouge des anciens tomes; l'introduction d'une arme, ou coupepapier, pour etablir la prise de possession.

*Stephane Mallarme*\*\*\*

I. U svoju postelju možete poneti knjige i kurve.
II. Knjige i kurve poništavaju vreme. Nad noću vladaju kao dan, a nad danom kao noć.
III. Kad je reč o knjigama i kurvama, niko ne zapaža da su im minuti dragoceni. Ali, kada se više združite s

---

\* Lat.: ukratko, u malo reči. *(Prim. prev.)*
\*\* Prevedena, rečenica Marsela Prusta bi glasila: *Trinaest – imao sam to surovo zadovljstvo da zastanem kod tog broja.* *(Prim. prev.)*
\*\*\* Iz zapisâ Stefana Malarmea o Knjizi: Čedno uskrsnuće knjige, opet, predaje se žrtvovanju s kojim linu crveni obraz starih svezaka; urivanje nekog oružja, ili noža za hartiju, kao beleg zaposednuća. *(Prim. prev.)*

njima, tek onda primećujete da su u žurbi. One računaju dok mi uranjamo u njih.

IV. Knjige i kurve su oduvek zbližene nesrećnom ljubavi.

V. Knjige i kurve – svaka ima onaj soj muškaraca koji živi na njihovoj grbači i kinji ih. Knjigama su to kritičari.

VI. Knjige i kurve u javnim kućama – za studente.

VII. Knjige i kurve – njihov kraj retko vidi onaj koji ih je posedovao. One obično iščezavaju pre nego što preminu.

VIII. Knjige i kurve rado i lažljivo pričaju kako su postale to što jesu. Zapravo, one same na to često ne obraćaju pažnju. Godinama se svima nude „iz ljubavi", i jednoga dana se kao gojazni *corpus*\* nađu na pločniku radi onoga koji se uvek zadovoljavao da ih pipka, navodno izučavajući ih.

IX. Knjige i kurve vole da okrenu pozadinu kada se izlažu.

X. Knjige i kurve mnogo podmlađuju.

XI. Knjige i kruve – „Stara bogomoljka – mlada kurvica". Koliko je samo knjiga bilo žigosano iz kojih danas omladina mora da uči!

XII. Knjige i kurve iznose svoje svađe među ljude.

XIII. Knjige i kurve – fusnote su za prve ono što su novčanice zadenute u čarape za druge.

## ORUŽJE I MUNICIJA

Bio sam došao i Rigu da bih posetio prijateljicu. Njena kuća, grad, jezik, bili su mi nepoznati. Niko me nije sačekao, niko me nije poznavao. Dva časa sam usamljen lutao ulicama. Nikada ih nisam ponovo video takve. Iz svake kućne kapije suklјao je plamen, iz svakog kamena na uglu vrcale varnice a svaki tramvaj proleteo bi po-

---

\* Lat. *corpus,* korpus, znači podjednako „telo" i „zbirka, zbornik". *(Prim. prev.)*

put vatrogasnih kola. Ona je, u stvari, mogla da iziđe baš iz te kapije, da iskrsne iza onog ugla i sedi u ovom tramvaju. No, od nas oboje, ja sam morao, po svaku cenu, da budem prvi koji će ugledati ono drugo. Jer, ako bi ona na mene položila fitilj svog pogleda, ja bih se morao rasprsnuti poput magacina municije.

## PRVA POMOĆ

Jednim pogledom mogao sam da obuhvatim celu najhaotičniju četvrt, mrežu ulica koje sam godinama izbegavao, onog dana kada se tamo preselilo voljeno biće. Bilo je to kao da je na njegovom prozoru instaliran reflektor koji okolinu preseca svetlosnim snopovima.

## UNUTRAŠNJA ARHITEKTURA

Traktat je arapska forma. Po spoljašnjem izgledu je neuređen i neupadljiv; nalik je tako fasadama arapskih zdanja čija organizacija počinje tek u dvorištu. Ni organizovana struktura traktata ne može se spolja primetiti nego se otkriva tek iznutra. Kada je sastavljen u poglavljima, ona nemaju svoje verbalne naslove nego su označena brojkama. Površ njegovih rasprava nije obojena živopisno, već je, štaviše, prekrivena ornamentalnim prepletima čije se vijuganje nigde ne prekida. U ornamentalnoj gustini takvog načina izlaganja poništava se razlika između tematskih izvođenja i digresija.

## PRODAVNICA PAPIRNE ROBE I PISAĆEG PRIBORA

*Planovi Farus.* Poznajem jednu koja je rasejana. Tamo gde su meni sruke imena mojih snabdevača, mesto gde čuvam dokumente, adrese mojih prijatelja i poznanika, čas urečenog sastanka, tamo su njoj politički pojmovi, partijske parole, ispovedne formule i naredbe. Ona živi u gradu parola, stanuje u četvrti zavereničkih i zbratimljujućih izreka, gde svaka uličica zagovara neku boju a svaka reč ima bojni poklič za odjek.

*Čestitke.* „Iz trske se istisne / Svetom mnogo šećera. / Neka i iz moga pera / Nežnosti mnogo sklizne!" Ovi se stihovi nadovezuju na „Srećnu čežnju" poput bisera koji se skotrlja iz otvorene ostrigine školjke.

*Džepni kalendar.* Ništa karakterističnije za Nordijca nego da mora, kada voli, pre svega i po svaku cenu da bude sam sa sobom. Najpre mora sam da razmotri svoja osećanja, da u njima uživa pre nego što iziđe pred ženu i izjavi joj ih.

*Pritiskač za pisma.* Trg Konkord: obelisk. Ono što je pre četiri hiljade godina u njemu bilo pokopano, počiva danas usred najvećeg od svih trgova. Da mu je to bilo proročeno – kakav silni trijumf za faraona! Da će prva zapadna civilizacija jednom, u svome središtu, držati spomenik njegovoj vladavini! Kako doista izgleda ta slava? Niko od deset hiljada, koji ovuda prolaze, ne zastaje; niko od deset hiljada koji zastanu, ne mogu da pročitaju natpis. Tako cela slava ostaje na onome što je bilo obrečeno, a nijedno proročanstvo nije joj nalik po lukavstvu. Jer, besmrtnik je tu poput tog obeliska: on reguliše duhovni saobraćaj čiji ga šumovi okružuju, a natpis, sahranjen u njemu, nikome nije od koristi.

## GALANTERIJSKA ROBA

Neuporedivi jezik mrtvačke glave: objedinjava potpunu bezizražajnost – crnilo njenih očnih duplji – s najdivljijim izrazom – iskežene čeljusti.

Čovek koji veruje da je napušten čita i pati videći da je stranica koju hoće da okrene već razrezana, te da joj ni on više nije potreban.

Darovi moraju tako duboko da pogode onoga koji ih prima da se on užasne.

Kada mi je cenjeni, obrazovni i elegantni prijatelj poslao svoju novu knjigu, u trenutku kada hoću da je otvorim zatečem sebe kako popravljam svoju kravatu.

Onaj ko pazi na pravila ophođenja, ali odbacuje laž, nalik je čoveku koji se doduše odeva po poslednjoj modi, ali na sebi ne nosi nikakvu košulju.

Kad bi mastilo u nalivperu teklo tako lako kao što se dim izvija s vrha cigarete, onda bih bio u Arkadiji svog spisateljskog posla.

Biti srećan znači bez straha biti svestan sebe.

## UVEĆAVANJA

*Dete koje čita.* Iz školske biblioteke stiže knjiga. Deoba u nižim razredima. Samo se pokatkad usuđujemo da izrazimo želju. Često sa zavišću gledamo kako željene knjige idu u druge ruke. Konačno, dobijate svoju. Tokom jedne sedmice bili ste potpuno predani kovitlacima teksta koji vas je meko i krišom, čvrsto i neprestano obavijao poput snežnih pahuljica. Stupili ste u njega s bezgraničnim poverenjem. Tišina knjige, tišina koja vas sve većma zanosi! Njen sadržaj čak nije ni bio tako važan. Jer, ta čitanja još pripadaju vremenu kad ste sami sebi izmišljali povesti u krevetu. Dete sledi njihove poluzavejane tragove. Dok čita, uši su mu napregnute; njegova knjiga leži na odveć visokom stolu, pa mu jedna ruka uvek leži na listu. On još mora pustolovine junaka da očitava u vrtlogu slova poput neke slike i poruke u vejavici pahulja. On udiše vetar događaja i sve figure mu dišu u lice. Dete je veoma blisko izmešano s likovima, kao odrasla osoba. Neizrecivo je uzbuđen događanjem i rečima koje se razmenjuju, i kada ustane – sav je pokriven snegom pročitanog.

*Dete koje stiže s velikim zakašnjenjem.* Časovnik u školskom dvorištu izgleda da povređuje njegovu krivicu. On pokazuje „veliko kašnjenje". A u hodniku, iz vrata razreda kraj kojih prolazi, izbija mrmljanje tajnog savetovanja. Tamo unutra, učitelji i učenici su prijatelji. Ili je sve tiho kao da se na nekog čeka. Bešumno stavlja ruku na kvaku. Sunce obasjava tačku na kojoj stoji. Psuje dan oproštaja i otvara. Čuje učiteljev glas kako klopara poput mlinskog točka; stoji pred mlinskom mašinerijom. Kloparajući glas zadržava svoj ritam, ali sada dečaci, mlinarska služinčad, bacaju sve na novog; deset, dvadeset teških džakova lete na njega koji mora da ih odnese sve do klupe. Svaka nit na njegovom mantilčiću pokrivena je belim prahom. Poput neke ojađene duše o ponoći, pri svakom koraku izaziva šum, i niko ga ne vidi. Kad sedne na mesto, radi mirno sve do zvona. Ali, to nije nikakav blagoslov.

*Oblaporno dete.* Kroz procep odškrinute ostave za jelo pruža ruku kao što to zaljubljenik čini u noći. Kada je kod kuće u mraku, pipajući traži šećer ili bademe, suvo grožđe ili kompot. I poput ljubavnika koji, pre nego što je poljubi, miluje svoju draganu, tako i čulo dodira ima s njima dogovoreni sastanaka pre nego što usta okušaju njihovu slast. S kakvim se samo prepuštanjem med, zrnca korintskog grožđa, čak i riža umiljavaju u ruci! Kako je samo pun strasti njihov susret kad su konačno izmakli kašici! Zahvalna i divlja, kao ona koja je pobegla iz roditeljskog doma, nudi se ovde marmelada od jagoda bez imalo hleba i takoreći pod vedrim nebom da se njome naslađujemo, a i sam maslac uzvraća nežno na odvažnost zaljubljenog šunjala koji se uvukao u njenu devojačku sobu. Ruka, mladalački Don Huan, odmah prodire u sve ćelije i kutke, iza slojeva koji se ruše i gomila koje se razlivaju: devičanstvo se obnavlja bez žalbi.

*Dete na ringišpilu.* Karuselska daska s poslušnim životinjama obrće se gotovo u ravni tla. Na najboljoj visini za snevanje da se leti. Muzika počinje, a dete se, vrteći, udaljava od majke. Najpre se plaši da napusti majku. Ali, onda zapaža kako je ono samo verno. Stoluje kao odani vladar nad svetom koji mu pripada. Tangencijalno, drveće i urođenici obrazuju špalir. Onda, na nekoj vrsti Istoka, ponovo iskrsava majka. Potom vrh izranja iz prašume, takav kakvog ga je dete, već pre hiljadu godina, prvi put videlo upravo s ringišpila. Njegova životinja mu je privržena: poput nemog Ariona nošeno je na svojoj nemoj ribi, drveni Zevs-bik odnosi ga kao Evropu bez ijedne mrlje. Davno je večno vraćanje svih stvari postalo dečja mudrost, a život prastari zanos vladanja, sa zvučnim verglom u sredini kao krunskim blagom. Kada on svira sporije, prostor počinje da brblja a drveću se vraćaju duhovi. Ringišpil biva nesigurno tlo. I pojavljuje se majka, dobro usađeni direk, oko kojeg dete, dok pristaje, omotava palamar svoga pogleda.

*Neuredno dete.* Svaki nađeni kamen, svaki ubrani cvet i svaki ulovljeni leptir za njega su već početni komad zbirke, a sve što uopšte poseduje, u njegovim očima, sačinjava jednu jedinu zbirku. Ta strast pokazuje u njemu svoje pravo lice, strogi indijanski pogled, koji nastavlja da plamti, ali još nemirnije i manijački, kod antikvara, istraživača, bibliomana. Tek što je stupio u život, već je lovac. Lovi duhove, čiji trag sledi u stvarima; između duhova i stvari promiču mu godine tokom kojih ljudi ostaju izvan njegovog vidnog polja. Život mu se odvija kao u snovima: ne poznaje ništa od postojanog — sve što mu se dešava, veruje da je tek susret, šok. Njegove nomadske godine su časovi provedeni u šumi sna. Tu on hvata svoj plen, čisti ga, pričvršćuje, lišava njegove čarobne moći. Njegove ladice moraju postati oružnica i zoološki vrt, kriminalistički muzej i kripta. „Sređivati" ih značilo bi uništiti zdanje nakrcano bodljikavim kestenjem (perni buzdovani), staniol-papirom (srebrno blago), drvenim cepkama (kovčezi), kaktusom (totemsko drveće), bakarnim novčićima (štitovi). Dete već davno pomaže uz majčino korito za pranje veša, u očevoj biblioteci, dok je na svom području još uvek ratoborni gost-lutalica.

*Skriveno dete.* Poznaje već sve zakutke stana i u njih se vraća kao u kuću gde je sigurno da će sve naći na starom mestu. Srce mu lupa, prestaje da diše. Tu je zatvoren u svet materije. Pokazuje mu se on čudesno jasno, primiče mu se, ćutljiv, sasvim blizu. Tako jedino onom koji se besi biva iznutra razumljivo šta su konopac i greda. Dete skriveno iza vrata i samo postaje nešto dahtavo i belo, sablast. Sto za ručavanje pod kojim se šćućurio, pretvara ga u drveni idol u hramu čija su četiri stuba izrezbarene noge stola. A iza nekih vrata on sam je vrata, nosi ih kao tešku masku i postaje poput čarobnika koji će sve začarati a da i ne slute dok ulaze. Ni po koju cenu ne sme da bude otkriven. Kad se krevelji, kažu mu da je dovoljno samo da časovnik otkuca pa da ostane takav, iskreveljen. Skriven, on zna koliko je istine u tome. Onaj ko ga otkrije, može da ga skameni kao idola pod stolom, da ga osudi da zauvek ostane sablast iza zavese, za ceo život zatvoren u teškim vratima. To ga nateruje da odatle s glasnim krikom pobegne demonu koji bi ga preobrazio tako da ga niko više ne nađe, ako ga se dočepa onaj koji ga traži; pa tako i ne čeka poslednji trenutak, nego iskače s krikom samooslobađanja. Zato ga borba s demonom nikada ne umara. Stan mu pri tome služi kao arsenal maski. Ipak, jednom godišnje, na tajnim mestima, u praznim očnim dupljama maski, njihovim okamenjenim ustima, nalaze se pokloni. Čarobna spoznaja postaje nauka. Postavši njegov inženjer, dete skida čini s tamnog roditeljskog stana i traži uskršnja jaja.

## ANTIKVITETI

*Medaljon.* Pred svim što je s razlogom nazvano lepim: čini se paradoksnim da se to pojavljuje.

*Molitveni mlin.* Samo predstavljena slika hrani i oživljava volju. Pukom reči, naprotiv, najviše može da se zapali da bi potom nastavila da se troši mirišući na izgoretinu. Nema zdrave volje bez tačne likovne predstave. Nema predstave bez inervacije. Dah je, pak, od svega najistančanije reguliše. Zvuk formula je kanon tog disanja. Otuda praksa joge koja meditira dišući po svetim slogovima. Otuda njena svemoć.

*Antičke kašike.* Jedna stvar rezervisana je za najveće epikurejce: moći nahraniti njihove junake.

*Stare zemljopisne karte.* Većina u ljubavi traži večni zavičaj. Ali drugi, malobrojniji, večno putovanje. Ovi potonji su melanholici koji se moraju bojati dodira s materinskom zemljom. Oni tragaju za onim što daleko uklanja setu zavičaja. Njemu su odani. Srednjovekovne medicinske knjige poznaju čežnju tog sloja ljudi za dalekim putovanjima.

*Lepeze.* Sledeće se spoznalo iskustvom: ako nekoga volimo, ma i ako smo samo intenzivno njime obuzeti, bezmalo u svakoj knjizi otkrivamo njegov portret. Da, taj se pojavljuje kao igrač i njegov protivnik. U pričama, romanima i novelama, on iskrsava u sve novijim preobražajima. Odatle sledi: moć mašte je dar interpoliranja u beskrajno malom, otkrivanja u svakom intenzitetu onoga što je u njemu ekstenzivno, njegova nova, tek zbijena punoća, ukratko svaku sliku uzeti kao da je skupljena lepeza koja do daha dolazi tek razvijanjem i koja, raširena, u svojoj unutrašnjosti, otkriva crte voljenog ljudskog bića.

*Reljef.* Sa ženom ste koju volite – razgovarate. Zatim, nedeljama i mesecima kasnije, ako ste razdvojeni od nje, ponovo vam na pamet pada ono o čemu ste razgovarali. No, sada je taj motiv banalan, drečav, površan, i shvatate da ga je jedino ona, koja se nad njim naginjala iz dubine ljubavi, pokrivala svojom senkom i štitila za nas tako da je misao živela poput reljefa u svakom kutku. Kad smo sami, kao sada, misao počiva površno, žalosno, bez senki, u svetlosti našeg saznanja.

*Torzo.* Jedino onaj ko bi znao da sopstvenu prošlost posmatra kao porod prisile i nužde, bio bi kadar da je, u svakom sadašnjem trenutku, učini za sebe najvišom vrednošću. Jer, ono što je neko proživeo može biti, u najboljem slučaju, upoređeno s divnom skulpturom čiji su svi udovi, prilikom transporta, slomljeni i koja sada ne nudi ništa osim dragocenog bloka iz kojeg on mora da izvaja sliku svoje budućnosti.

## ČASOVNICI I ZLATARIJE

Onaj ko budan, odeven, na primer u šetnji, posmatra izlazak sunca, pred svima drugima vazdan zadržava suverenost osobe koja nosi nevidljivu krunu a u očima onoga koga prekine u radu, oko podneva, izgleda kao da je sam sebe krunisao.

Nad likovima romana vise brojke stranica kao časovnik života na kome sekunde samo izmiču. Koji čitalac ne bi bar jednom, krišom i bojažljivo, podigao pogled prema njemu?

Sanjao sam da s Reteom – novopečenim privatnim docentom – prolazim, u kolegijalnom razgovoru, prostranim salama muzeja gde je on upravnik. Dok on u pokrajnjoj prostoriji razgovara s jednim nameštenikom, ja prilazim nekoj vitrini. U njoj se, pored ostalih, razbacanih veoma malih predmeta, nalazi metalno ili emajlirano poprsje žene, gotovo u prirodnoj veličini, koje odražava svetlost prigušeno, i nije bez sličnosti s Florom, u Berlinskom muzeju, pripisanom Leonardu. Usta su na toj zlatnoj glavi otvorena, a po zubima na donjoj vilici su, u pravilnim razmacima, raspoređeni dragulji koji delom ispadaju iz usta. Ni najmanje nisam sumnjao da je to časovnik. – (Elementi sna: rumen od stida;[*] zori je zlato u ustima;[**] „La tête, avec l'amas de sa crinière sombre / Et de ses bijoux preciéux, / Sur la table de niut, comme une renoncule, / Repose." Baudelaire.)[***]

---

[*] Scham-Roethe: igra sa imenom upravnika muzeja. *(Prim. prev.)*

[**] *Morgenstunde hat Gold im Munde:* nemačka poslovica, koja bi mogla značiti isto što i naša – „ko rano rani, dve sreće grabi". *(Prim. prev.)*.

[***] Stihovi iz Bodlerove pesme „Une Martyre" u zbirci *Les Fleurs du mal:*

> *Glava, s hrpom svoje tamne grive*
> *I svojim draguljima,*
> *Na noćnom stočiću, poput jaspre,*
> *Počiva.*

*(Prim. prev.)*

# LUČNA SVETILJKA

Nekog čoveka poznaje jedino onaj koji ga beznadno voli.*

## LOGGIA

*Geranijum.* Dva bića koja se vole, vezuju se usto i svojim imenima.

*Divlji karanfil.* U očima onoga ko je zaljubljen, voljeno biće izgleda uvek usamljeno.

*Asfodel.* Iza onoga ko je voljen, zatvara se bezdan pola poput bezdana porodice.

*Cvet kaktusa.* Onaj ko je istinski zaljubljen, raduje se kada u raspravi s voljenim bićem nije u pravu.

*Nezaboravak.* Sećanje neprestano vidi voljeno biće u smanjenom obliku.

*Lisnatica.* Pre sjedinjenja javlja se prepreka, da bi je odmah smenila fantazija o spokojnom zajedničkim životu u starosti.

---

* Žan Lakost upućuje da u rukopisnoj Benjaminovoj ostavštini postoji sledeći komentar: „Poznavanje ljudi. Stiče se jedino u lažnim situacijama: poverilac, rogonja, školski učitelj itd. Istovremeni i nužni simptom prave politike jeste staviti, u osnovi, pojedinca (razume se, ne masu) u lažne situacije. Poznavanje ljudi je u celosti politička tehnika: ono biva privatno zanesenjaštvo samo u razdobljima kada politički život ima veoma dubok temelj. No, sada bi trebalo razlikovati razne vrste poznavanja nekog čoveka. Npr. 'Nekog čoveka poznaje jedino onaj koji ga beznadno voli.' Ta rečenica je tačna, ali otvara sasvim drugu perspektivu: to je veza s nekim bićem iz koje ne proishodi nikakva reakcija niti metoda – ta veza je pasivno posmatračka i, umesto, poput svakog saznavanja ljudi, da iznese na videlo tipove, zajedno s reakcijama koje su im svojstvene, otkriva u pojedincu mogućnosti koje su, zavisno od ljudi, izuzetno brojne (kao što se to, na primer, pokazuje kod deteta u očima onoga koji ga gleda)." *(Prim. prev.)*

## BIRO ZA NAĐENE STVARI

*Izgubljeni predmeti.* Ono što svaki prvi pogled na neko selo, neki grad u krajoliku, čini tako neuporedivim i nezamenljivim jeste da se u njemu daljina najteže zglašava s blizinom. Navika još nije učinila svoje. Tek što smo počeli da je u sebi nalazimo, krajolik naglo iščezava poput fasade neke kuće kada u nju stupimo. On još nije stekao nadmoć koja se iznedruje neprestanim istraživanjem pretvorenim u naviku. Kad smo jednom počeli da sebe nalazimo u kraju, onda se ona rana slika više nikada ne može vratiti.

*Nađeni predmeti.* Plavetna daljina koja tu ne ustupa mesto nikakvoj blizini i koja, uostalom, kad se približavamo, ne kopni, te koja se tu ne rasprostire, dok joj pristupamo pretenciozno i razmetljivo, nego samo ukopava čvršće i pretećije, jeste daljina oslikana na kulisama. U tome je ono što pozorišnom dekoru daje njegov neuporedivi karakter.

## STAJALIŠTE ZA NAJVIŠE TROJE KOLA

Deset minuta stajao sam na stanici i čekao na omnibus. „*L 'Intran... Paris-Soir... La Liberté*", neprestano je iza mene uzvikivala, nepromenjenim ritmom, neka prodavačica novina. „*L'Intran... Paris-Soir... La Liberté*" − zatvorska ćelija s trouglastog oblika. Pred sobom sam video kako je prazno izgledalo u uglovima.

Video sam u snu „ozloglašenu kuću". „Hotel u kome se razbaljezgala neka životinja. Svi su gotovo pili samo vodu što ju je životinja zagadila." Sanjao sam uz te reči i namah se ponovo probudio. Potpuno odeven, u osvetljenoj sobi, bacio sam se na krevet, slomljen prevelikim umorom i odmah, posle nekoliko sekundi zaspao.

U kućerinama sa stanovima za izdavanje vlada neka muzika tako samrtno-tužno razuzdana da niko neće poverovati da je ona za onoga ko svira: to je muzika za unajmljene, nameštene sobe u kojima se nedeljom uranja u misli koje su ubrzo nadevene tim notama poput košare prezrelog voća sa uvelim lišćem.

## SPOMENIK POGINULIM U RATU

*Karl Kraus.* Niko beznadniji od njegovih sledbenika, niko prokletiji od njegovih protivnika. Nema imena koje bi prikladnije bilo štovati ćutanjem. S prastarim naoružanjem, sa suzdržanom srdžbom, iskežen, kineski idol, mašući s obe ruke golim mačem, igra ratnički ples pred grobnicom nemačkog jezika. On, koji je „tek jedan od epigona što borave u drevnoj kući jezika",* postao je ključar njegovog groba. On istrajava u dnevnom i noćnom bdenju. Nijedna služba nije vršena s takvom odanošću i nijedna nije bila tako uzaludna. Ovde je onaj koji poput neke od Danaida crpi iz mora suza svojih zemljaka i kome se stena, koja treba da sahrani njegove neprijatelje, kotrlja iz ruku kao Sizifu. Ima li ičeg bespomoćnijeg od njegove konverzije? Išta nemogućnije od njegove čovečnosti? Išta beznadnije od njegove bitke s novinskim medijem? Šta on istinski zna o silama koje su s njim u savezu? Ipak, koje vidovnjaštvo nove magije može da se uporedi sa sluhom tog čarobnjačkog sveštenika kome sam preminuli jezik podaruje reči? Ko je ikada prizvao duh onako kako je to učinio Kraus u *Napuštenima,* prizivajući „Sreću čežnju", onako kako ona nikada pre toga nije bila spevana? Tako bespomoćno, kao što samo glasovi duhova omogućavaju da se čuje, u tom žamoru, poteklom iz htonskih dubina jezika, predskazuje mu se udes. Svaki zvuk je neuporedivo autentičan, ali svi zajedno smeteni poput govora duhova. Slep poput seni umrlih, poziva ga jezik na osvetu, ograničen kao duhovi koji samo glas krvi poznaju, ravnodušni prema onome što izazivaju u carstvu živih. Ali, on ne može zalutati. Njegovi mandati su bez nedostatka. Onaj ko mu

---

* Ovo je navod iz dela Karla Krausa, velikog austrijskog pisca, satiričara i aforističara. *(Prim. prev.)*

utrči u ruke, već je osuđen: samo njegovo ime biva presuda u tim ustima. Kad ga on raspori, bezbojni plamen vica trepti na njegovim usnama. I ne sreće ga niko ko putevima života hodi. Na arhajskom polju časti, gorostasnom bojištu krvavog rada, počiva on pred napuštenim grobnim spomenikom. Časti njegove smrti bivaju neizmerive, da bi poslednje bile dodeljene.

## JAVLJAČ POŽARA

Predstava o klasnoj borbi može dovesti u zabludu. U njoj nije reč o nekoj probi snage koja bi presekla pitanje ko pobeđuje, ko je poražen, niti o borenju čiji bi ishod odlučio da pobedniku dobro, a poraženom pak loše ide. Misliti tako, znači romantično zamazati činjenice. Jer, bilo da buržoazija dobija ili gubi u toj borbi, ona ostaje s unutrašnjim protivrečnostima, koje će joj postati kobne tokom razvoja, osuđena na propast. Pitanje je samo, znati, da li se ona začinje po sebi ili zahvljujući proletarijatu. Odgovor na to pitanje odlučiće o opstanku ili kraju trihiljadugodišnjeg kulturnog razvitka. Istorija ne poznaje rđavu beskonačnost kakvu dočarava slika dvojice ratnika u večnoj borbi. Istinski političar računa samo u rokovima dospeća. A ako otpisivanje buržoazije nije izvršeno do gotovo proračunljivog trenutka ekonomskog i tehničkog razvitka (taj trenutak signališu inflacija i rat bojnim otrovima), tada je sve izgubljeno. Pre nego što varnica stigne do dinamita, treba preseći zapaljenu vrpcu. Napad, opasnost i tempo su za političara tehničke, ne viteške stvari.

## USPOMENE S PUTOVANJA

*Atrani.*\* Ispupčeno, barokno stepenište blago se uzdiže prema crkvi. Rešetka iza crkve. Litanije starih žena tokom *Ave Maria:* školska nastava u prvom razredu smrti. Okrenemo li se, tada se crkva kao sam Bog graniči s

---

\* Ribarsko mestašce u Italiji, blizu Amalfija. *(Prim. prev.)*

morem. Svakog jutra hrišćanska era nagriza stenu, ali među zidovima, ispod, uvek se iznova noć deli na četiri stare rimske četvrti. Uličice kao otvori za prozračivanje. Na pijačnom trgu, fontana. U pozno popodne, svuda okolo žene. Onda usamljen: drevni žamor.

*Marine.* Lepota velikih jedrenjaka jedinstvena je u svojoj vrsti. Ne samo zato što su svoj obris očuvali netaknuti tokom stoleća, nego i zato što se pojavljuju u najnepromenljivijem od predela: na moru, ocrtavajući se na obzorju.

*Fasada Versaja.* To je kao da ste zaboravili taj zamak tamo gde je, pre toliko i toliko stotina godina, podigut *par ordre du roi*,* izmislili da samo na dva časa služi kao scenski pratikabl nekom vilinskom prizoru. Od svoga sjaja ništa ne zadržava za sebe, nepodeljenog ga daje tom kraljevskom mestu koje se s njim zatvara. Pred tom pozadinom, mesto postaje pozornica na kojoj se apsolutna monarhija odigrava kao alegorijski balet. Ipak, danas, to je još samo zid čiju senku tražimo da bismo uživali u perspektivi koju u plavi beskraj otvara *Le Nôtre*.

*Hajdelberški zamak.* Ruševine čiji se ostaci uzdižu prema nebu izgledaju ponekad, za vedrih dana, dvostruko lepe ako pogled u njihovim prozorima ili na vršcima susretne oblake koji prolaze. Razaranje pojačava prolazna pozorišna igra koja se otvara na nebu večnosti tih ruševinskih ostataka.

*Alkazar u Sevilji.* Arhitektura koja sledi prvi potez fantazije. Nije prekidana praktičnim razmatranjima. Samo snovi i svečanosti, čije je ispunjenje predviđeno u visokim odajama palate. Unutra, ples i ćutanje postaju lajtmotiv, jer je svaki ljudski pokret upijen vrevom ornamenta.

*Katedrala u Marselju.* Katadrala se nalazi na najpustijem, najosunčanijem trgu. Sve je ovde izumrlo, uprkos tome što, na jugu, svojim stopalima tesno dotiče *La Joliette,* luku, a na severu – proletersku četvrt. Kao mesto za pretovar neuhvatljive, neprozirne robe, stoji tu pusto

---

* U izvorniku, na francuskom: *po naredbi kralja. (Prim. prev.)*

zdanje između mola i skladišta. Radilo se na njemu gotovo četrdeset godina. Ipak, kada je 1893. bilo sasvim gotovo, mesto i doba tog monumenta pobedonosno su se zaverili protiv arhitekata i građevinara i od bogatih sredstava sveštenstva nastala je divovska železnička stanica koja nikada nije mogla biti puštena u saobraćaj. Na fasadi se prepoznaju čekaonice u unutrašnjosti, gde putnici sve četiri klase (no, pred Bogom su svi oni jednaki), priklješteni u svojim duhovnim dobrima kao između kofera, sede i čitaju iz svojih psaltira koji, sa svojim konkordancama i vezama, veoma nalikuju međunarodnim redovima vožnje. Izvodi iz železničkih pravila su okačeni, kao pastirske poslanice, na zidovima, a mogu se pogledati i cenovnici sa oprostom* u okviru turističkih aranžmana u luksuznom vozu Satana, kao i toaleti, gde onaj koji je dugo putovao može diskretno da se očisti, držani u pripravnosti kao ispovedaonice. To je religijska stanica Marselj. Ovde se, u vreme mise, stiču spavaća kola za večnost.

*Frajburška katedrala.* Za stanovnike grada – a možda čak i u sećanju putnika koji je u njemu boravio – najintimnije zavičajno osećanje vezuje se za ton i interval prvih udara časovnika na njenom zvoniku.

*Katedrala svetog Vasilija u Moskvi.* Ono što vizantijska madona drži u naručju samo je drvena lutka u prirodnoj veličini. Bol koju ona izražava pred jednim Hristom čiji je detinjski vid samo nagovešten, tek evociran, intenzivnija je nego što bi ona ikada mogla da se očituje s nekom živolikom predstavom deteta.

Boscotrecase.** Otmenost borovih šuma: njihovo natkrilje oblikovano je bez prepleta.

*Napuljski Museo nazionale.* Arhajski kipovi u svom osmehu nude svest o svome telu onome ko ih posmatra, kao što nam neko dete pruža tek ubrano, rasuto, nepovezano cveće, dok poznija umetnost strože zateže lica, nalik odraslome koji uplice pokošenu travu u dugovečni struk.

---
* Ablass znači podjednako oprost i popust. *(Prim. prev.)*.
** Mestašce podno Vezuva, u Italiji. *(Prim. prev.)*

*Baptisterijum u Firenci.* Na portalu „Spes"* Andrea Pizana. Nada. Ona sedi i nemoćno pruža ruke prema plodu koji joj je nedostupan. Ipak, ona je s krilima. Ništa istinitije.

*Nebo.* U snu, izišao sam iz neke kuće i pogledao noćno nebo. Divlji sjaj zračio je s njega. Jer, ozvezdano kakvo je bilo, slike po kojima se okupljaju zvezde bile su čulno prisutne. Lav, Devica, Vaga, i mnoge druge su, kao gusta zvezdana jata, piljile u zemlju. Nikakav se Mesec nije video.

## OPTIČAR

Leti padaju debeli ljudi, zimi – mršavi.

Sproleća zapažamo kako pri vedrom, sunčanom vremenu izbija mlado lišće, a još gole grane pod hladnom kišom.

Kako je proteklo veče s gostima, onaj koji ostaje jednim pogledom može to da vidi po rasporedu tanjira i šolja, čaša i zakuski.

Osnovno načelo pridobijanja: usedmostručiti se; sedmostruko se obviti oko one za kojom žudite.

Pogled je ono što je staloženo na čovekovom dnu.

## IGRAČKE

Slikovnica za izrezivanje. Poput velikih, ljuljuškajućih lađa, šatre su sa obe strane oivičene kamenim molom gde se tiskaju ljudi. Tu su jedrioci koji podižu jarbole načičkane zastavicama, parobrodi iz čijih dimnjaka kulja dim, dereglije s davno nakrcanim teretom. Među njima brodovi u čijoj se utrobi nestaje; jedino muškarci mogu da silaze unutra, ali na prozorčićima se vide ruke žena s velovima i paunovim perjem. Drugde, na palubi

---

* Uobičajena skraćenica, od italijanske reči, u istoriji umetnosti za utelovljenje Nade. *(Prim. prev.)*

stoje stranci i kao da bi da publiku poplaše ekscentričnom muzikom. No, s kakvom se samo ravnodušnošću ona prima! Uspinjete se oklevajući, krupnim, klatećim hodom, kao po brodskim mostićima, i sve vreme čekate gore da se potpuno udaljite od obale. Onda oni koji se iznova pojavljuju, ćutljivi i zamišljeni, vide kako njihov sopstveni brak nastaje i nestaje na crvenim stepenicama po kojima se penje i silazi živopisni vinski duh; žuti muškarac koji je, tamo dole, započeo sa udvaranjem, na samom vrhu tih lestvica napustio je plavu ženu. Gledali su u ogledala gde im je tlo, postavši tečno, izmicalo pod nogama i opet su se našli u vazduhu, posrćući, iznad kotrljajućih stepeništa. Flota donosi uzbuđenje u četvrt: žene i devojke se bestidno izlažu a sva jestiva utovarena su u zemlji dembeliji. Tako ste u poptunosti razdvojeni okeanom da se tu nalazite kao prvi i poslednji put istovremeno. Morski lavovi, patuljci i psi, očuvani su kao u nekom kovčegu. Čak je i železnička pruga ovde uvedena jednom zauvek i po njoj voz kruži neprestano, prolazeći kroz jedan tunel. Tokom nekoliko dana četvrt je postala lučki grad na nekom ostrvu u južnim morima, a divlji domoroci, ispunjeni žudnjom i čuđenjem, prolaze pred onim što je Evropa bacila podno njihovih nogu.

*Kolutovi za nabacivanje.* Sabrane u korpus, trebalo bi opisati šatre za gađanje. Tu je bila jedna ledena pustinja na kojoj su se, na mnogim mestima, nalazile istaknute bele glave glinenih lula, mete, zrakasto raspoređene. Iza, pred jednim neartikulisanim pramičkom šume, bila su u ulju oslikana dva šumara, a sasvim napred, takoreći elementi dekora, dve sirene, takođe oslikane, sa izazovnim grudima. Drugde, lule se kočopere u kosi žena, retko naslikanim u haljinama, većinom u trikoima. Ili pak lule štrče iz lepeze koju one razvijaju u ruci. Pokretne lule okreću se lagano na pozadini „Glinenih golubova". Druge šatre predstavljaju pozorište u kome gledalac režira pomoću puške. Pogodi li u crno, predstava počinje. Jednom je bilo trideset šest sanduka i kod svakog je iznad scenskog kadra stajalo šta se može očekivati da se pozadi vidi: „Jeanne d'Arc en prison", „L'hospitalité",

„Les rues de Paris". U drugoj šatri: „Exécution capitale". Pred zatvorenim vratima, giljotina, sudija u crnom ogrtaču i duhovnik koji drži krst. Ako je hitac dobar, vrata se otvaraju, izlazi drvena daska sa zločincem između dva dželata. On se automatski poleže pod sečivo, i glava mu je odsečena. U istoj šatri: „Les délices du mariage". Pojavljuje se siromaška soba. Usred izbe je otac, drži dete u krilu, a slobodnom rukom ljulja kolevku u kojoj je drugo dete. „L'enfer – kada se njegova kapija raskrili, vidimo đavola koji muči jednu dušu. Sa strane, drugi đavo gura popa u kazan u kome se svi prokleti moraju peći na tihoj vatri. „Le bagne* – kapija, pred njom zatvorski stražar. Ako ga dobro strefite, on cima zvono. Zvoni, kapija se otvara. Vidimo dvojicu zatvorenika zaposlenih oko velikog točka. Izgleda da ga moraju okretati. Zatim, drugi prizor: violinsita sa svojim medvedom za igru. Pucamo unutra i gudalo se pokreće. Medved udara šapom po dobošu i diže nogu. Moramo pomisliti na bajku o hrabrom malom krojaču, možemo zamisliti i uspavanu lepoticu probuđenu puščanim hicem, Snežanu koju hicem oslobađamo otrovne jabuke, a Crvenkapu pak njene kapice. Hitac, kao u bajci, pogađa u samu egzistenciju lutaka sa onom spasonosnom silom koja čudovištima skida glavu i iz njih oslobađa princeze. Baš kao pred onom ovećom kapijom bez natpisa: kad se dobro nacilja, ona se otvara i pred crvenim zavesama od velura stoji Mavar koji se lagano nakloni. Pred sobom drži zlatni pladanj. Na njemu su tri ploda. Prvi se otvara i u njemu se vidi malecka osoba koja se pokloni. U drugom, obrću se igrajući dve isto tako malecke lutke. (Treći se ne otvara.) Ispod, pred stolom na kojem je namešteno celo uprizorenje, mali konjanik od drveta s natpisom: „Route minée" [Minirani drum]. Ako se pogodi u crni kružić, dolazi do eksplozije, jahač se sa svo-

---

* Svi gore navedeni nazivi su na francuskom, u izvorniku. Po redosledu, znače: „Jovanka Orleanka u zatočeništvu", „Gostoljublje", „Pariske ulice", „Smrtna kazna", „Slasti braka", „Pakao", „Tamnica". (Prim. prev.)

jim konjem strmoglavljuje, ali – razume se – ostaje sedeći na njemu.

*Stereoskop*. Riga. Svakodnevna tržnica, grad natiskan malim drvenim kioscima, pruža se duž mola, uz vode Dvinje, široki prljavi kameni kolovoz bez ikakvih skladišta. Mali parobrodi čiji dimnjaci jedva da izviruju iznad zida keja, ukotvljeni u crnom gradiću. (Veći brodovi su više niz Dvinju.) Prljave daske su tonska osnova u kojoj se, ljeskajući se u hladnom vazduhu, utapaju nekoliko retkih boja. Ovde se tokom cele godine na mnogim ćoškovima, pored baraka za ribu, meso, čizme i odeću, nalaze žene iz malograđanskog sloja sa šarolikim papirnim bičevima koje na Zapadu možemo videti samo u vreme Božića. Biti ukoren najmilijim glasom – takvi su ti bičevi. Za nekoliko parica, višebojni kazneni rukovet. Na kraju mola, tek trideset koraka od vode, jabučna pijaca sa svojim crvenim i belim brdima u drvenim okvirima. Neprodate jabuke leže još na slami, a prodate su u košarama domaćica. Pozadi se uzdiže tamnocrvena crkva koja u svežem novembarskom zraku ne može ništa protiv obraza jabuka. Niz prodavnica brodske opreme u kućicama nedaleko od mola. Na njima su naslikana užad. Svuda se vidi oslikana roba na firmama ili namazana na kućnom zidu. Na neomalterisanom zidu od opeke glavne gradske trgovine su koferi i remenje u dimenzijama većim nego što je u prirodi. Na niskoj kući na uglu, gde je prodavnica ženskih steznika i šešira, na oker-žutoj osnovi naslikana su ukrašena damska lica i jaki mideri. Na samom kutu ispred, svetiljka koja obasjava izlog sa sličnim stvarima. Sve je poput fasade nekog bordela iz mašte. Na sivom zidu druge kuće, nedaleko od luke, plastično su prikazani džakovi sa šećerom i ugalj u sivkastoj i crnoj boji. Negde drugde, iz roga obilja kao kiša pada obuća. Železna roba naslikana je do potankosti na jednoj firmi: čekići, glodalice, klešta i šrafčići, i sve to nalikuje predlošku iz neke stare dečje knjige za bojenje. Grad je obasut takvim slikama koje kao da su izvučene iz fioka. Ali, između svega toga uzdižu se mnoga visoka, nalik tvrđavama, samrtno tužna zdanja koja podsećaju na sve strahote carizma.

*Nije na prodaju.* Mehanički kabinet na godišnjem vašaru u Luki.* Izložba je smeštena u veoma dugom i simetrično podeljenom šatoru. Nekoliko stepenika vode unutra. Tabla koja visi napolju pokazuje sto s nekoliko nepomičnih lutaka. U šator se ulazi kroz desni, a napušta se kroz levi otvor. U svetloj unutrašnjosti, pružaju se dva stola u dubinu. Oni su uzduž priljubljeni po unutrašnjim ivicama, tako da za prolaženje ostaje veoma tesan prostor. Oba stola su niska i pokrivena staklenom pločom. Na njima stoje lutke (visoke, u proseku, dvadeset do dvadeset pet santimetara), a ispod stolova je, skrivena, neprimetno tiktakajući, časovnička mašinerija koja pokreće lutke. Mala staza za decu ide duž ruba stolova. Na zidovima su kriva ogledala. – Nadomak ulaza, likovi kneževa. Svaki lik čini neku kretnju: jedni, desnom ili levom rukom, laki gest pozivanja, drugi obrću svoj staklasti pogled, mnogi, istovremeno, kolutaju očima i pokreću ruke. Franja Josif, Pije IX, na prestolu i u zaštitničkoj pratnji dva kardinala, kraljica Jelena od Italije, sultanija, Vilhelm I na konju, Napoleon III, malecan i još manji Vitorio Emanuel kao prestolonaslednik, svi tu stoje. Slede biblijske figure, zatim Muka. Raznovrsnim pokretima glave, Irod naređuje pokolj dece. Razjapljuje usta i klima glavom pritom, diže ruke i spušta ih. Pred njim su dva dželata: prvi, naprazno sekući mačem, sa obezglavljenim detetom pod miškom, i drugi, zamahnuvši, stoji nepomičan, čak mu se ni oči ne miču. A pored, dve majke: prva ne prestaje da nežno pomera glavu poput beznadnice, a druga sporo diže ruke, zaklinjući. – Raspinjanje na krst. Krst leži na tlu. Krvnici zakivaju klinove. Hristos klima glavom. – Razapeti Hristos, na mahove prima sunđer natopljen sirćetom, a vojnik koji polako potura sunđer – istog trenutka trza ga nazad. Spasitelj pri tom sasvim malo podigne vilicu. Pozadi se anđeo s putirom za krv naginje nad krst: isturi putir, pa

---

* *Lucca,* jedno od najlepših mesta u Italiji, i najčuvenijih, kako mi priča Eros Sequi. *(Prim. prev.)*

ga povuče nazad kao da ga je napunio. – Drugi sto pokazuje žanrovske slike. Gargantua s knedlama. Pred tanjirom, obema rukama trpa ih u usta, dižući naizmenično čas levu čas desnu ruku. U svakoj mu je ruci po viljuška s nabodenim valjuškom. – Devojka sa Alpa koja tka. – Dva majmuna sviraju na violini. – Čarobnjak pred kojim su dve bačvolike posude. Desna se otvara i iz nje se pojavljuje poprsje jedne dame. Ona se odmah saginje. Otvara se leva: iz nje se, do pola, podiže muško telo. Zatim se ponovo otvara desna, ali sada iz nje izlazi bikovska lobanja s licem dame između rogova. Potom se iz leve nešto podiže: majmun koji je zauzeo muškarčevo mesto. Zatim sve počinje iznova. – Drugi čarobnjak: pred njim je stočić, a u levoj i desnoj ruci drži po obrnutu čašu. Naizmenično diže jednu pa drugu ruku, a ispod čaša pojavljuju se čas hleb, čas jabuka, čas cvet ili kocka. – Čarobna fontana: odmahujući glavom, seljače stoji pred bunarom. Neka devojka poteže a iz bunarskog otvora iskače debela, neprekinuta zraka od stakla. – Začarani ljubavnici: zlatni grmen ili zlatni plamen otvara se na dva krila. Unutra se vide dve lutke. One okreću glave jedna prema drugoj a onda ih odvraćaju, kao da se gledaju sa preneraženim čuđenjem. – Ispod svih figura je papirić s natpisom. Sve je datirano godinom 1862.

## POLIKLINIKA

Autor polaže misao na mermerni sto kafea. Dugo posmatranje: koristi vreme, pošto čaša – sočivo pod kojim on ispituje pacijenta – još nije pred njima. Zatim on postupno raspakiva svoju torbicu: tilograf, olovka i lula. Mnoštvo gostiju, raspoređenih amfiteatarski, njegova je klinička publika. Kafa, pažljivo sipana i odmah isprobana prožima misao hloroformom. Ono na šta on pomišlja nema veze sa samom stvari ništa više nego san anestetizovanog s hirurškom intervencijom. Obazrivo se zaseca u nacrte rukopisa, hirurg premešta naglaske u utrobi, spaljuje metastazne izrasline reči i ubacuje jednu tuđu reč kao srebrno rebro. Konačno, interpunkcija mu finim ubodima zašiva celinu, a svog asistenta, konobara, isplaćuje u gotovini.

## STANOVI ZA IZNAJMLJIVANJE

Budale su oni koji oplakuju propast kritike. Jer njen čas je davno minuo. Kritika je stvar pravog odstojanja. Ona je kod kuće u svetu u kome se vodi računa o perspektivama i optikama i gde je još moguće zauzeti neko stanovište. Stvari su, u međuvremenu, pale na odveć gorući način na leđa ljudskog društva. „Nepristrasnost", „objektivni pogled" ako ne već sasvim naivan izraz površne nenadležnosti, postali su laži. Najbitniji pogled danas, merkantilni pogled, koji seže u srce stvari, jeste reklama. Ona potkopava slobodni prostor igre svojstven razmatranju i tako nam opasno baca stvari u lice kao što se neki auto, tresući se, rastući, obrušava na nas s bioskopskog platna. I kao što u bioskopu nameštaj i fasade nisu prikazani u obliku potpunih figura nekog kritičkog razmatranja, već je jedino njihova iznenadna i napadna blizina senzacionalna, tako prava reklama samo približava stvari okretanjem ručice i ima tempo koji odgovara tempu dobrog filma. Time je, najzad „objektivnost" dobila otkaz, a pred džinovskim slikama na zidovima kuća, gde su „Hlorodont" i „Slajpnir" na domašaju tek divovima, izlečena sentimentalnost biva američki slobodna, kao što se ljudi, koje više ništa ne dira i ne uzbuđuje, u bioskopu ponovo uče suzama. No, novac je za čoveka sa ulice ono što stvari čini tako bliskim i omogućava presudni kontakt s njima. A plaćeni recenzent, koji u trgovčevom umetničkom salonu manipuliše slikama, zna ako već ne bolje onda nešto važnije o njima nego nevini zanesenjak koji ih posmatra u vitrini. Toplina subjekta se oslobađa u njemu i sentimentalizuje ga. – Konačno, šta reklamu čini nadmoćnijom od kritike? Ne ono što kažu svetleća, neonska, crvena slova, već plamena lokva koja ih odražava na asfaltu.

## KANCELARIJSKI MATERIJAL

Šefova kancelarija je načičkana oružjem. Ono što zanosi posetioca, nalikujući mu na komfor, zapravo je prikriveni arsenal. Telefon na pisaćem stolu zvoni svakog trenutka. On u pola reči prekida posetioca i sabesednika snabdeva vremenom da pripremi svoj odgovor. Odlomci telefonskog razgovora, uz to, pokazuju koliko su poslovi o kojima je tu reč važniji od onoga koji je na redu u tom času. Govorite a već lagano počinjete da napuštate sopstveno stanovište. Počinjete da se pitate o čemu se to govori na telefonskom aparatu, obuzima vas strah da sabesednik sutra putuje u Brazil i gotovo ste dotle solidarni s firmom da glavobolju na koju se on žali u telefonskom razgovoru ocenjujete kao neugodnu smetnju za preduzeće (a ne kao priliku za vas). Pozvana ili nepozvana, sekretarica ulazi u kancelariju. Ona je veoma zgodna. Bilo da je njen poslodavac imun na njene draži ili je kao obožavalac odavno s njom načisto, pridošlica će je više puta pogledati a ona to shvata kao pomoć svome šefu u poslovnom pregovaranju. Njegov personal je u pokretu, prelistavajući kartoteke u kojima je gost, koji to zna, upisan u najrazličitijim rubrikama. On počinje da malaksava. Ali, drugi, kome svetlost bije u leđa, sa zadovoljstvom to čita iz crta njegovog zaslepljujuće obasjanog lica. I fotelja postiže svoj učinak: utonuli ste u nju, zavaljeni, kao kod zubara, i to najposle čini da s mukom pratite uobičajeni tok stvari. Ranije ili kasnije, posle takvog tretmana, sledi likvidacija.

## PAKETI: SLANJE I PAKOVANJE

Rano izjutra prolazio sam autom kroz Marselj prema stanici, i kako sam putem viđao poznata mesta, zatim nova, nepoznata ili drukčija kojih sam se jedino netačno mogao setiti, grad je postajao knjiga u mojim rukama u koju sam hitro bacao još par pogleda pre nego što iščezne iz moga vida u tavanskom kovčegu na ko zna koliko vremena.

## ZATVORENO ZBOG PREUREĐENJA

U snu sam oduzeo sebi život oružjem. Kada je tane pogodilo, nisam se probudio nego sam se tokom dugog trenutka video kako ležim kao leš. Tek onda sam se trgao iz sna.

## „AUGIJA" SAMOUSLUŽNI RESTORAN

Ovo je najjači prigovor koji se može učiniti protiv života što ga vodi stari momak: obeduje samcit. Jesti samcit čini lako tvrdim i sirovim. Mora spartanski živeti onaj ko tako uobičajava da ne bi propao. Samo zbog toga su se pustinjaci hranili umereno. Jer, jedino u zajednici jelo dobija svoje pravo; ako treba da prija, hoće da bude deljeno i raspodeljivano. Svejedno kome: ranije je i prosjak za stolom obogaćivao svaki obed. Važno je deljenje i darivanje, a ne svetski razgovor u krugu za trpezom. Ali, neobično je, opet, da društvenost biva nepostojana bez jela. Gošćenje niveliše i povezuje. Grof od Sen-Žermena ostajao je gladan pred punom trpezom, i već zbog toga bio gospodar razgovora. Ali, tamo otkuda neko odlazi praznog stomaka, tu nadolaze sučeljavanja sa svojim sporom.

## KIOSK ZA PRODAJU POŠTANSKIH MARAKA

Često onome ko prelistava svežnjeve starih pisama neka marka, odavno izvan opticaja, nalepljena na krhkoj omotnici, kaže više nego tuce pročitanih stranica. Ponekad ih srećete na razglednicama, i onda ne znate da li ih treba odlepiti ili ih sačuvati s kartom kakva ona jeste, poput lista nekog starog majstora koji na prednjoj i zadnjoj strani ima dva različita, podjednako vredna crteža. Postoje i pisma, u staklenim posudama u kafeima, koja imaju nešto na rabošu, pa stoje na sramnom stubu pred očima svih. Ili su ih deportovali, te moraju danima i godinama, u toj posudi da čame, na nekoj staklenoj *Salas y Gomez?** Pisma koja dugo ostaju neotvorena, poprimaju nešto brutalno; ona su razbaštinjenici koji krišom kuju podmuklu zaveru i osvetu radi dugih dana patnje. Mnoga od njih, kasnije, predstavljaju u prozorima prodavaca poštanskih maraka celine totalno žigosane usijanim gvožđem.

Poznato je da postoje kolekcionari koji se zanimaju jedino za žigosane marke i nije im potrebno mnogo pa da poveruju kako su oni jedini koji su prodrli u tajnu. Oni se vezuju za okultnu stranu maraka: za pečat. Jer, pečat je noćna strana maraka. Postoje svečane koje na glavu kraljice Viktorije stavljaju sveti oreol, i proročke – koje Umberta krunišu mučeničkom krunom.** No nikakva sadistička mašta ne doseže crnu proceduru koja lica maraka brazda modricama i koja poput zemljotresa otvara pukotine u tlu čitavih kontinenata. A tek perverzno zadovljstvo koje izvlačimo iz kontrasta između oštećenog tela marke i njene bele, ozupčane haljine od tila: nazubljenost. Onaj koga zanimaju pečati, mora poput detektiva poznavati lične opise najozloglašenijih poštanskih ureda, mora poput arheologa raspolagati veštinom da odredi torzo najegzotičnijih naziva mesta, kao kabalista znati inventar datuma za celo stoleće.

Poštanske marke su nakrcane brojčicama, malenim slovima, listićima i okicama. One su grafičko ćelijsko tkanje. Sve to vrvi isprepleteno i produžava da živi, poput nižih životinja, čak i raskomadano. Stoga se i od komadića poštanskih maraka slepljivanjem prave veoma dinamične slike. No, život na njima uvek ima otisak raspadanja da bi bilo naznačeno da je nastalo sastavljanjem izumrlog. Njihovi portreti i opscene grupe puni su hrpa kostiju i crva.

---

\* Hrid na pučini, iz istoimene Šamisoove pesme. *(Prim. prev.).*
\*\* Umberto I, sin Viktora Emanuela, ubijen 1900. godine u Monci. *(Prim. prev.)*

U spektru boja dugih serija možda se prelama svetlost nekog tuđeg sunca? Nisu li u ministarstvu pošta crkvene države ili Ekvadora zaplenjeni zraci koje mi ostali ne poznajemo? I zašto nam se ne pokazuju marke najboljih planeta? A hiljadu varijacija plamenog crvenila koje su u opticaju na Veneri, te četiri velike vrednosti sivog na Marsu i bezbrojčane marke Saturna?

Zemlje i mora su na markama tek provincije, kraljevi samonajamnici brojki koje ih, kako im se dopadne, preplavljuju svojom bojom. Albumi poštanskih maraka su magijski priručnici u kojima su pohranjeni brojevi monarha i palata, životinja, alegorija i država. Poštanski saobraćaj počiva na harmoniji tih brojeva, baš kao što kretanje planeta počiva na harmonijama nebeskih brojeva.

Stare marke od groša pokazuju u ovalu samo jednu ili dve velike brojke. One nalikuju prvim fotografijama s kojih nas, iz crno lakiranih okvira, gledaju srodnici koje nikada nismo upoznali: numerisane pratetke i preci. I *Thurn und Taxis*[*] ima na svojim markama takođe velike brojke, kao da su to zamađijani taksimetarski brojevi. Ne bi trebalo da se začudimo ako jedne večeri otpozadi prosija svetlost neke sveće. Zatim, postoje male marke bez nazubljenosti, oznake vrednosti i zemlje. Usred guste paukove mreže nose samo jedan broj. To su možda jedine koje mogu doista izmaći sudbini.

Pisana slova na turskim markama s vrednošću u pjastrima su poput suviše raskošne, suviše sjajne igle zadenute koso na kravati nekog lukavog, samo do pola evropeiziranog trgovca iz Carigrada. One su od soja poštanskih skorojevića, velikog formata, loše nazubljene, kričavih boja, poreklom iz Nikaragve ili Kolumbije, i iskićene kao novčanice.

Doplatne marke su duhovi među poštanskim markama. One se ne menjaju. Izmena monarha i oblika vladavine prolazi mimo njih, kao mimo duhova, ne ostavljajući traga na njima.

---

[*] Marka velike vlastelinske porodice Turn-i-Taksis koja je imala nasledno pravo nad rukovođenjem nemačkim poštama od 1867. godine. *(Prim. prev.)*

Dete gleda u daleku Liveriju kroz naopako okrenute pozorišne cvikere: ona tada leži iza svoje tračice mora, sa svojim palmama, tačno onako kako to prikazuju poštanske marke. Ono i Vasko de Gama oplovljavaju trougao koji je ravnokrak poput nade i čije se boje menjaju s vremenom. Putnički pogled s Rta Dobre Nade. Vidi li labuda na australijskim markama, onda je to, ma bio u plavoj, zelenoj ili smeđoj boji, crni labud koji postoji samo u Australiji i tu, na vodama nekog jezerceta, plovi kao po najmirnijem od okenana.

Marke su posetnice koje velike države odlažu u dečjoj sobi.

Kao Guliver, dete putuje zemljama i posećuje narode svojih poštanskih maraka. Dok spava, poklonjeni su mu zemljopis i istorija Liliputanaca, cela nauka malog naroda, sa svim njenim brojevima i imenima. Ono učestvuje u njihovim poslovima, prisustvuje njihovim purpurnim narodnim skupštinama, posmatra porinuće njihovih brodića s njihovim krunskim glavama, koje prestoluju iza špalira, slavi jubileje.

Kao što je poznato, postoji jezik poštanskih maraka koji se prema jeziku cveća odnosi kao Morzeova azbuka prema pisanoj. Ali, koliko će još cvetati marke između telegrafskih stubova? Nisu li velike umetničke marke iz posleratnog doba, s njihovim punim bojama već jesenje lepe kate i dalije te flore? Izvesni Nemac, Stefan\*, koji nije slučajno bio savremenik Žana Paula, zasadio je to seme u letnjem središti XIX stoleća. Ono neće preživeti XX vek.

## SI PARLA ITALIANO

Jedne noći sam sedeo, sa strašnim bolovima, na klupi. naspram mene, na drugoj, sedele su dve devojke. Izgledale su kao da hoće da vode neki poverljivi razgovor

---

\* Heinrich von Stephan (1813–1897), organizovao je pošte nemačkog carstva, 1867, kao njihov generalni rukovodilac, na uzoran način. *(Prim. prev.)*

i počele su da šapuću. Osim mene, nikoga nije bilo u blizini, a ja njihov italijanski nisam razumevao, koliko god da je bio glasan. Tada, pred tim nemotivisanim šaputanjem, na jeziku meni nepristupačnom, nisam mogao da se odbranim od osećaja da mi ono na bolno mesto stavlja hladni, ublažujući oblog.

## TEHNIČKA PRVA POMOĆ

Ništa nije jadnije od istine izražene onako kako je bila mišljena. U takvom slučaju, njeno ispisivanje nije čak ni loša fotografija. Istina je poput deteta, poput žene koja nas ne voli: pred objektivom pisanja, dok smo mi pokriveni crnom maramom, odbija da mirno i prijateljski gleda pravo. Naglo, kao iz samozaborava, htela bi da bude trgnuta, poplašena metežom, muzikom, pozivima u pomoć. Ko bi mogao izbrojati alarmne signale kojima je opremljena unutrašnjost istinskog pisca? A „pisati" ne znači drugo nego ih pokrenuti. Onda iskače nežna odaliska, grabi prvu stvar koja joj padne pod ruku u neredu njenog budoara, naše lobanje, obuhvata je i traži, gotovo neraznatljiva, pred nama pribežište kod ljudi. No, mora biti dobro skrojena, s telom koje zrači od zdravlja, da bi, prerušena, gonjena, a ipak pobedonosna i dostojna ljubavi, stupila među njih.

## SITNA ROBA

Citati u mome radu su kao razbojnici na putu koji naoružani prepadaju i lišavaju šetača njegovih ubeđenja.

Ubijanje zločinca može biti moralno – nikada legitimisanje tog ubijanja.

Bog je hranitelj svih ljudi a država pomoćnik hranitelja.

Izraz ljudi koji se šetaju po likovnim galerijama otkriva loše prikriveno razočaranje pred činjenicom da tu vise jedino slike.

## PORESKI SAVETNIK

Nema sumnje: između mere dobara i mere života, što će reći između novca i vremena, postoji tajna veza. Što je vreme nekog života više ispunjeno ništavnošću, utoliko su njegovi trenuci trošniji, mnogolikiji, disparatniji, dok je dugi period obeležen egzistencijom nadmoćnog čoveka. Lihtenberg veoma tačno predlaže da se umesto o skraćivanju govori o smanjivanju vremena, i još primećuje: „Par desetina miliona minuta sačinjavaju život od četrdeset pet godina i nešto preko toga." Tamo gde se koristi novac čijih desetak miliona jedinica ne znači ništa, život bi morao da se računa u sekundama a ne u godinama da bi iznos izgledao dostojan poštovanja. I, prema tome, biće ćerdan kao hrpa novčanica: Austrija nikako ne može da prekine sa običajem da računa u krunama.

Novac spada tamo gde i kiša. Vreme što ga on vedri i oblači, pokazatelj je stanja ovog sveta. Blaženstvo je bez oblaka, nikakvo vreme ga se ne tiče. Takođe prispeva bezoblačno carstvo savršenih dobara, na koja ne pada nikakav novac.

Trebalo bi dati izvesnu opisnu analizu novčanica. Bila bi to knjiga čija bi beskrajno satirička snaga imala svoju parnjakinju samo u snazi svoje objektivnosti. Jer, sa svojom svetačkom ozbiljnošću, kapitalizam se nigde više nego upravo u tim dokumentima ponaša naivno. Ona nevinašca koja se igraju oko brojki, one boginje što drže ploče zakona, kao i zreli junak koji pred monetarnim jedinicama vraća mač u korice, svet je za sebe: fasadna arhitektura pakla. – Da je Lihtenberg živeo u doba kada je papirni novac uzimao maha, nacrt takvog dela mu ne bi izmakao.

## PRAVNA POMOĆ ZA SIROMAŠNE

*Izdavač:* Moja su očekivanja najteže izneverena. Vaše stvari nemaju čak nikakvog uticaja kod publike; ni najmanje ne idu. A ja nisam štedeo na opremi. Istrošio sam se na reklamama. – Znate kako Vas, kao i uvek, cenim. I nećete mi zameriti što je sada proradila moja trgovačka savest. Ako iko, ja činim za autore ono što mogu. No, konačno, i ja imam da brinem za ženu i decu. Prirodno, neću reći da bih Vama trebalo da prebacim za gubitke poslednjih godina. Ali, gorko osećanje razočaranosti će ostati. U ovom času, na žalost, apsolutno ne mogu dalje da Vas podržavam.

*Autor:* Moj gospodine! Pa zašto ste postali izdavač? Ući ćemo tome u trag zaobilazno. Ali, dozvolite mi najpre jedno: u Vašem arhivu figuriram pod brojem 27. Izdali ste pet mojih knjiga; to znači da ste pet puta igrali na 27. Žalim da 27 nije dobio. Uostalom, Vi ste uvek igrali samo *à cheval.*\* Naprosto zato što se ja nalazim pored Vašeg srećnog broja, 28. – Sada znate zašto ste postali izdavač. Mogli ste podjednako dobro da se upustite u neki časni posao kao Vaš gospodin otac. No, živeti od dana do dana – takva je mladost. Robujte i dalje Vašim navikama. Ali, izbegavajte da se izdajete za časnog trgovca. Ne prerušavajte se u nevinog ako ste sve izgubili u igri; ne pričajte ništa o Vašem osmočasovnom radnom danu, niti o noći u kojoj opet jedva da možete naći počinka. „Pre svega, dete moje, budi odan i iskren!" I ne pravite scene Vašim brojevima! Inače ćete biti izbačeni napolje!

## NOĆNO ZVONCE ZA LEKARA

Seksualno zadovoljenje oslobađa muškarca njegove tajne, koja nije u seksualnosti, ali je presečena – ne rešena – u njenom ispunjenju, a možda jedino u njemu. Valja je uporediti sa sponama koje ga vezuju za život. Žena ih kida, muškarac biva slobodan za smrt zato što je

---

\* Termin iz ruleta, kada ne igramo na jednu jedinu, punu brojku, nego smo istovremeno „zajahali" na dve susedne. Izdavački posao je, kako ga vidi Benjaminov „autor", pomalo kockarski. *(Prim. prev.).*

njegov život izgubio svoju tajnu. Takođe dospeva do ponovnog rođenja, i kao što ga ljubavnica oslobađa iz začaranog područja majke, tako ga žena još doslovnije oslobađa majke-zemlje poput babice koja preseca pupčanu vrpcu spletenu s prirodnom tajnom.

## MADAME ARIJADNA
## DRUGO DVORIŠTE LEVO

Onaj ko se obraća vidovnjakinjama da bi saznao budućnost, pruža a da i ne zna unutrašnji putokaz o onome što će se zbiti, hiljadu puta preciznije od svega što od njih može čuti. Više je vođen inercijom nego znatiželjom, i ništa nije slično pokornoj gluposti, s kojom on prisustvuje raskrivanju svoje sudbine, od opasnog, žurnog gesta kojim hrabra osoba određuje budućnost. Jer, prisustvo duha je ekstrakt te budućnosti; zapaziti tačno šta se odigrava u samoj sekundi presudnije je nego unapred poznavati daleku budućnost. Znamenja, slutnje, signali, prolaze danju i noću kroz naš organizam kao talasni udari. Tumačiti ih ili koristiti, jeste pitanje. No, oboje se ne može činiti. Malodušnost i inercija savetuju prvo, a trezvenost i sloboda – drugo. Jer, pre nego što takvo proricanje ili upozorenje postane nešto posredovano, reč ili slika, najbolji deo njegove snage je već odumro, a po toj, pak, snazi – s kojom nas proricanje pogađa u središte i prisiljava – jedva da znamo da delujemo. Samo ako je zanemarimo, onda i samo onda, ona sebe odgoneta. Čitamo je. No, sada suviše kasno. Otuda, kada iznenada plane vatra ili iz vedrog neba padne vest o nekoj smrti, u prvom nemom užasu, izvesno osećanje krivice, neuobličeni prekor: nisi li ti to već zapravo znao? Nije li, kad si poslednji put govorio o mrtvome, njegovo ime u tvojim ustima već drukčije zvučalo? Nije li ti sinoć dat znak iz plamenova čiji jezik tek sada razumeš? A izgubi li se predmet kojeg si voleo, nije li onda, satima, danima ranije, on bio okružen već nekom koronom, podsmehom ili žalošću koja ga je izdavala? Poput ultravioletnih zraka, sećanje otkriva svakome u knjizi života pisanje koje je, nevidljivo, kao proroštvo, glosiralo tekst. Ali, ne zamenjuju se nekažnjeno intencije, ne predaje se neživljeni život kartama, duhovima, zvezdama, koje ga u jednom času proživ e i iscrpu, da bi nam ga oštećenog vratili; ne lišava se, nekažnjeno, telo svoje moći koja mu omogućava da se, na sopstvenom tlu, odmeri sa sudbinskim elementima i pobedi ih. Trenutak predstavlja kaudinijski jaram pod kojim sudbina mora da se pogne. Preobražaj pretnje budućnosti u ispunjeni sadašnji trenutak, to telepatsko čudo za kojim jedino vredi žudeti, delo je otelovljenog prisustva duha. Drevna vremena, gde je takvo ponašanje spadalo u svakodnevno čovekovo kućno poslovanje, nudila, tom delu golo telo kao najpouzdaniji instrument gatanja. Još je antika poznavala istinsku praksu, a Scipio, stupajući na tle Kartagine, spotaknuviši se, širi ruke još dok pada i pobednički kliče: *Teneo te, Terra Africana!*[*] On telesno, ono što je htelo biti kobni znak, slika nesreće, vezuje za datu sekundu i sebe pretvara u svečinitelja svoga tela. Upravo u tome su, oduvek, stare asketske vežbe posta, čednosti, bdenja, slavile svoj najveći trijumf. Dan počiva svakog jutra, kao čista košulja, na našoj postelji; to neuporedivo tanano, neuporedivo gusto tkanje čistog prorokovanja stoji nam kao saliveno. Sreća sledećih dvadeset četiri časa zavisi od toga da li znamo da ga prihvatimo prilikom buđenja.

## GARDEROBA ZA MASKE

Onaj ko prenosi vest o nekoj smrti izgleda sebi veoma važan. Njegov ga osećaj čini – čak protivno svakoj pameti – poslanikom carstva mrtvih. Jer, zajednica svih mrtvih je tako džinovska da je čak zapažan i onaj ko samo izveštava o smrti. *Ad plures ire*[**] značilo je, kod Latina, umreti.

---

[*] Lat.:Držim te, zemljo afrička! *(Prim. prev.)*
[**] Lat.: Pridružiti se mnoštvu. *(Prim. prev.)*

U Belinconi sam opazio trojicu duhovnika u staničnoj čekaonici. Sedeli su na klupi, ukoso od mesta gde sam ja bio. Predano sam pratio kretnje onog koji je sedeo u sredini i od svoje braće izdvajao se crvenom kapicom. On im je govorio, pri čemu je ruke držao skrštene, a samo bi pokatkad sasvim malo podigao i pomerio jednu ili drugu. Mislim: desna je ruka uvek morala znati šta radi leva.

Ima li toga ko nije bar jednom izišao iz podzemne železnice na čist vazduh a da nije bio zatečen, kad se našao gore, punim sunčevim sjajem? A ipak, sunce je sijalo, istim sjajem, i pre par minuta kada je on silazio u metro. Tako je brzo on zaboravio vreme koje je vladalo u gornjem svetu. A i taj svet će njega, opet, tako brzo zaboraviti. Jer, ko može reći o svom postojanju više nego da je kroz život dva, tri bića prošao tako nežno i tako blisko poput vremena.

U mnogo navrata, kod Šekspira i kod Kalderona bitke ispunjavaju poslednji čin, a kraljevi, kneževi, štitonoše i pratioci „daju se u bekstvo". Zaustavljaju se u trenutku kada bivaju vidljivi gledaocima. Scena nalaže zastanak bekstva dramskih likova. Njihov ulazak u prostor pogleda onih koji ne učestvuju u akciji i koji su im istinski nadmoćnici, omogućava napuštenima da dođu do daha i obuhvata ih novom atmosferom. Otuda scenski fenomen nastupa „u bekstvu" izvlači svoje skriveno značenje. Čitanje te formule uvodi u igru nadu u mesto, svetlost ili osvetljenost pozornice na kojoj bi i naše bekstvo kroz život zaštitili nepoznati posmatrači.

## KLADIONICA

Građanska egzistencija je režim privatnih poslova. Što je neka vrsta ponašanja važnija i bogatija po posledicama, utoliko je više oslobođena kontrole. Politička osećanja, finansijska situacija, religija – sve bi to da se sakrije, a porodica je crvotočna, mračna građevina u čijim su se uglovima ustoličili najšugaviji instinkti. Filistarstvo proklamuje totalnu privatizaciju ljubavnog života. Tako je prosidba postala nemi, pohlepni događaj u četiri oka, i takva prosidba, sasvim privatna, lišena svake odgovornosti, zapravo je jedina nova stvar u „flertu". Proleterska i feudalna vrsta su, naprotiv, slične po tome što bi u prosidbi htele manje da pobede ženu nego svoje konkurente. No, to znači poštovati ženu dublje nego što je to slučaj kad je „slobodna", znači bez pitanja se prikloniti njenoj volji. Feudalno je i proleterski pomeranje erotskih akcenata u javnost. Pokazati se s nekom ženom u ovoj ili onoj prilici može značiti više nego spavati s njom. Tako je i u braku s vrednošću koja nije u jalovoj „harmoniji" supružnika: duhovna snaga braka dolazi na svet, poput deteta, kao ekscentrična posledica sukoba i nadmetanja supružnika.

## PIVNICA S NOGU

Mornari retko dolaze na kopno; služba na pučini je nedeljni odmor kad se uporedi s radom u lukama gde se često mora danonoćno utovarivati i istovarivati. I onda kada neka grupa dobije dozvolu izlaska na kopno, na nekoliko časova, već je mrak. U najboljem slučaju, katedrala se, kao tamni masiv, nalazi na putu prema kafani. Pivnica je ključ svakog grada; znati gde se pije nemačko pivo, dovoljno je što se tiče geografskog i etnološkog znanja. Nemačka mornarska krčma razvija noćni plan grada: odatle nije teško pronaći put do bordela i drugih krčmi. Njeno ime danima kruži u razgovorima za stolom. Jer, kad ste napustili jednu luku, iz sledeće već, jedan za drugim, poput plamičaka, vrcaju nadimci lokala i plesnih sala, lepih žena i nacionalnih jela. Ali, ko zna da li će se toga puta iskrcati. I tek što je brod prošao carinu i pristao, već su se na njega popeli sa obale trgovci sa suvenirima: ogrlice i razglednice, slike u ulju, noževi i mermerne figurice. Grad se ne razgleda nego se kupuje. U mornarevom prtljagu kožni kaiš iz Hong-Konga leži pored panorame Palerma i fotografije neke devojke iz

Šćećina. Tačno takav je njihov pravi dom. Ništa ne znaju o oblačnim daljinama koje ovijaju strane svetove u očima građanina. U svakom gradu prvo na red dolazi ukrcajna služba, a zatim nemačko pivo, engleski sapun za brijanje i holandski duvan. Sve do samih svojih kostiju poznaju međunarodnu industrijsku normu, palme i ledeni bregovi ih ne varaju. Mornar je „nažderan" blizine, i jedino mu najtačnije nijanse nešto govore. On bolje zna da razlikuje zemlje po načinima kako se u njima priprema riba nego po njihovoj arhitekturi i dekoru krajolika. Kada je reč o detaljima, on je u toj meri kod kuće da u njegovim očima okeanski putevi, na kojima sreće druge brodove (i urlikom sirene pozdravlja one iz svoje kompanije), postaju bučni autoputevi na kojima se mora uklanjati. On živi na otvorenom moru u gradu gde je, na marseljskog Cannebière, krčma iz Port-Said naspram hamburške javne kuće i gde se napuljski Castel dell' Ovo nalazi na barcelonskoj Plaza Cataluña. Kod oficira, zavičajni grad je još na prvom mestu. No, za mornare koji su se tek ispilili iz uloge brodskog malog, ili za ložače, ljude čija je radna snaga transportovana zajedno s teretom u utrobi broda, isprepletane luke nisu čak ni zavičaj nego kolevka. I kad ih slušamo, primećujemo kakva lažnost počiva u putovanju.

## PROSJACIMA I TORBARIMA PRISTUP ZABRANJEN!

Sve religije duboko štuju prosjake. Jer, oni dokazuju da duh i načelo, pametovanje i maksime, pogrdno izostaju u tako prostoj i banalnoj koliko svetoj i životnoj stvari kakva je bila milostinja.

U južnim zemljama prosjaci su žaljeni, a zaboravlja se da je njihovo ustrajavanje pred našim nosem podjednako opravdano kao i tvrdoglavost učenjaka pred teškim tekstovima. Nema senke oklevanja, ni najmanjeg impulsa ili neznatne pomisli, a da oni to ne pogode na našem licu. Telepatija kočijaša s kojom nam, uz njegov poziv, biva tek jasno da nismo neskloni da se povežemo, i telepatija prodavca svaštara koji nam iz svog sanduka izvlači jedinu ogrlicu ili kameju koja bi mogla da nas zavede, od istog su soja.

## PREMA PLANETARIJUMU

Ako bi antičko učenje trebalo izraziti najkraće, stojeći sve vreme samo na jednoj nozi, kao što je nekad učinio Hilel\* s jevrejskim učenjem, rečenica bi morala da glasi: „Zemlja će pripasti jedino onima koji žive od sila kosmosa." Ništa više ne razlikuje antičkog čoveka od novog nego njegovo predavanje kosmičkom iskustvu, koje potonji jedva da poznaje. Propast tog predavanja obznanjuje se već u procvatu astronomije početkom novog doba. Kepler, Kopernik, Tiho de Brahe, sigurno nisu bili terani jedino naučnim podsticajima. Postoji, međutim, u isključivom naglašavanju optičke vezanosti za svemir, do čega je astronomija veoma brzo dovela, izvesni predznak onoga što je moralo da se dogodi. Antičke veze s kosmosom uspostavljale su se drukčije: u pijanstvu. Ipak, pijanstvo jeste iskustvo s kojim mi jedino sebi obezbeđujemo ono najbliže i ono najdalje, i nikada jedno bez drugog. Ali, to će reći da čovek može da komunicira u pijanstvu s kosmosom jedino u zajednici. Obeležje te preteće zbrkanosti novih jeste smatrati to iskustvo beznačajnim, otklonjivim, i prepustiti ga pojedincu kao ushićenost divnim zvezdanim noćima. Ne, ono nailazi ponovo sa svakim razdobljem, a narodi i rase jedva mu izmiču, kao što se videlo na najstrašniji mogući način tokom poslednjeg rata koji je bio pokušaj proslavljanja novih, još nečuvenih svadbi s kosmičkim moćima. Ljudske mase, gasovi, električne sile, bile su izvedene napolje, visokofrekventne struje prožele su krajolik, nove se zvezde pojavile na nebu, zračni prostor i morske dubine šumele su od propelera, a svuda su u majci zemlji kopane žrtvene jame. To veliko vereništvo s kosmosom prvi put je izvedeno u planetarnoj razmeri, naime u duhu tehnike. Ali, kako je žeđ vladajuće klase za profitom računala da na njoj okajava svoju nameru, tehnika je izneverila čovečanstvo i bračnu ložnicu preobrazila u more krvi. Ovladavanje prirodom, vele imperijalisti, smisao je svake tehnike. Ali, ko bi poverovao školskom batinašu koji objašnjava da je ovladavanje decom od strane odraslih smisao vaspitanja? Nije li vaspitavanje, pre svega, neophodno uređivanje odnosa među naraštajima i, dakle, ako već želimo da govorimo o ovladavanju, ovladavanje generacijskim odnosima a ne decom? Pa tako ni tehnika nije ovladavanje prirodom, nego ovladavanje odnosom prirode i čovečanstva. Doduše, ljudi kao vrsta su već, pre hiljada godina, stigli do kraja svog razvitka; čovečanstvo, pak, kao vrsta stoji tek na početku razvitka. U tehnici se za njega organizuje *physis* unutar koje njegov kontakt s kosmosom poprima novi oblik, drukčiji od onog uspostavljenog u narodima i porodicama. Dovoljno je setiti se iskustva brzine, zahvljujući čemu je sada čovečanstvo spremno za napregledna putovanja u unutrašnjost vremena da bi tamo iznedrilo ritmove koji će bolesnima vraćati snagu, kao što je, ranije, tražena na visokim planinama i južnim morima. Lunaparkovi predstavljaju prethodni oblik sanatorijuma. Drhtavica što prati autentično kosmičko iskustvo nije vezana za onaj komadić prirode kojeg uobičajeno nazivamo „priroda". U noćima uništenja u vreme poslednjeg rata, udovi čovečanstva tresli su se s nekim osećajem koji je nalikovao blaženstvu epileptičara. A revolti, koji su usledili ratu, bili su prvi pokušaj da se zagospodari novim telom. Moć proletarijata je ona koja meri stepen ozdravljenja tog tela. Ako njegova disciplina ne ovlada telom do srži, nikakvo ga pacifističko umovanje neće spasti. Živo biće nadmašuje vrtoglavicu uništenja u pijanstvu plođenja.

# BERLINSKO DETINJSTVO
*oko hiljadudevetstote*

*Mom dragom Stefanu*

*O, lepo pečeni stubu pobede
posut zimskim šećerom iz dečjih dana.*

## *TIERGARTEN*[1]

Promašiti traženu ulicu u nekom gradu ne znači puno. Ali, lutati u nekom gradu kao što se luta po šumi iziskuje školovanje. U tom slučaju, imena ulica onome ko luta moraju govoriti poput lomljave suvih grana, a uličice iz gradskog jezgra odražavati mu doba dana tako jasno poput planinske uvale. Tu umetnost sam kasno naučio; ona je ispunila san čiji prvi tragovi su bili lavirinti na listovima upijača u mojim sveskama. Ne, nisu prvi, jer pre njih postojao je već jedan koji ih je nadživeo. Putanja tog lavirinta, koji nije bio bez svoje Arijadne, vodila je preko Bendlerovog mosta čiji je blagi luk za mene postao prva padina brežuljka. Cilj je ležao nedaleko od njegovog stopala: Fridrih-Vilhelm i kraljica Lujza. Uzdižući se na svojim kružnim postoljima, strčali su iz leja kao prizvani magičnim krivinama koje ispisivao vodeni tok pred njima u pesku. No, radije nego vladarskom paru okretao sam se njihovim postoljima, jer ono što se na njima odigravalo, čak i uz nejasan kontekst tog događanja, bilo mi je prostorno bliže. Da to ima neke veze s mojim lavirintskim spletom prepoznavao sam ja već počev od širokog, banalnog šetališta koje ničim nije oda-

---

[1] *Tiergarten* (u doslovnom prevodu *Vrt sa životinjama*), najčuveniji je i najprostraniji berlinski park. Takoreći je u središtu Benjaminove detinjske geografije. Tu je i *Zapad*, otmenija berlinska četvrt koja se pruža put južnog dela grada i gde se nalazi znameniti *Landwehrkanal* (u doslovnom prevodu *Kanal teritorijalne odbrane*), koji deli *Tiergarten* od *Zapada*.

valo da tu, u blizini, samo na nekoliko koraka od staze za fijakere i karuce, spava najčudesniji deo parka. Još veoma rano sam o tome primio znak. Tu je, naime, ili nedaleko odatle, morala imati svoj logor ona Arijadna blizu koje sam po prvi put, da to više nikada ne zaboravim, upoznao ono za čiji sam naziv tek kasnije saznao: ljubav. Ipak, na njenom izvoru iskrsla je već „Gospođica"[*] i prepokrila je kao ledena senka. I tako je taj park, koji je kao nijedan drugi izgledao otvoren za decu, poprimio i za mene, inače, nešto teško, neprotočno. Retko bih uspevao da uočim ribe u Bazenu sa zlatnim ribama[**]. Koliko je samo mnogo obećavala svojim imenom Aleja dvorskih lovaca, a kako je malo od toga ispunjavala! Koliko li sam puta uzaludno tragao za grmljem u kome se skrivao kiosk s crvenim, belim i plavim tornjićima u stilu mojih zdanja od kocaka! Kako se samo beznadno svakog proleća vraćala moja ljubav prema knezu Luju Ferdinandu, podno čijih nogu izbijali prvi šafrani i narcisi! Vodeni tok koji me je odvajao od njih činio mi ih je nepristupačnim kao da su pod staklenim zvonom. S kakvom hladnoćom moralo je u lepoti počivati ono što je kneževsko! I shvatao sam zašto je Lujza fon Landau, pored koje sam sedeo u obdaništu, sve do trenutka kada je preminula, morala da stanuje na Licovljevom keju, tačno naspram razbujalog, divljeg šumarka koji je brigu nad svojim cvetovima poveravao vodama Kanala. Docnije sam otkrio nove kutke; doučio sam i o ostalima. Ipak, nijedna devojka, nikakav doživljaj, niti neka knjiga, nisu mogli ništa novo da mi kažu o toj temi. Otuda, trideset godina kasnije, kada mi se jedan zemljomer, jedan seljak iz Berlina,[***] pridružio u po-

---

[*] *Fr „ulein* – znači ovde dadilja, guvernanta, ali označava i, kako se aludira sa sudbinom devojčice Lujze fon Landau, o kojoj će biti reči, samu smrt (videti, nedvosmisleno, u tekstu *Dve zagonetke*).

[**] *Goldfischteich*, jezerce u istočnom delu *Tiergartena*.

[***] Aludira se na ranonadrealističku knjigu Luja Aragona *Seljak iz Pariza* (*Le paysan de Paris*, 1926), koju je i ovaj prevodilac čitao kao osnovac. No, u Benjaminovom tekstu reč je

vratku u grad, posle duge, usamljeničke odsutnosti iz njega, njegovi koraci presecali su ovaj vrt u kome je on zasejao seme tišine. On je išao prvi po tim stazama i svaka od njih bila mu je strma. One su vodile nadole, ako ne već prema majkama sveg bivstvovanja, svakako prema majkama ovoga vrta*. Po asfaltiranim stazama kojima je hodio njegovi koraci su odjekivali. Gas koji je obasjavao naš pločnik bacao je dvosmisleno svetlo na to

---

o metafori koja zapravo priziva Franca Hesela, a s kojim je Benjamin prevodio Marsela Prusta (*A l' ombre des jeunes filles en fleur*, 1927, i *Guermantes*, 1930). Hesel je (*Franz Hessel*) takođe autor jedne knjige o Berlinu: *Šetnje po Berlinu*, 1929. O toj je knjizi, tada, Benjamin sačinio lep esejistički osvrt s naslovom *Povratak tumarala* u kome nalazimo nekoliko od njegovih ideja izloženih u neuporedivom i nedovršenom (suštinski nedovršivom) delu o pasažima čiju je hrpu rukopisa tokom rata sačuvao Pjer Misak (*Pierre Missac*), ali i ideja koje su u istočnicima *Berlinskog detinjstva*. „Ulice su naš zajednički stan" – kako čitamo u zapisima za delo o pasažima (*Passagenwerk*). Ili u *Povratku tumarala*, da se tumaralu grad otvara „kao pejsaž, dok ga on obuhvata kao sobu". „*Šetnje po Berlinu* su odjek onoga što je grad pričao detetu od početaka njegovog života." Heselova knjiga je, veli naš autor, „pravi priručnik razdvajanja", hoće reći razdvajanja s gradom koji se preobražava u „društvenu prašumu". Benjamin će, kasnije, objaviti i tekst o Heselovoj knjizi *Tajni Berlin* (*Heimlisches Berlin*).

Hesel je, inače, bio i veliki poznavalac Pariza, gde je živeo od 1906. do 1914. godine. Po Žan-Mišelu Palmjeu, Hesel i njegova žena poslužili su Anri-Pjeru Rošeu kao model za roman *Žil i Džim*, po kome će Fransoa Trifo snimiti istoimeni film. Rođen 1880. godine, u imućnoj jevrejskoj porodici, Hesel je, sudeći po fotosima, bio nezaboravnog lika. Ćelav i lica deformisanog da je nalikovalo ispupčenom ogledalu. Jedno oko primetno manje od drugog. Po Rajneru Rohlicu, izgleda da je Hesel bio snimljen za plakat „Tražen od policije". Interniran je 1939. godine, i umreće u logoru 1941. – godinu dana pošto se njegov nekadašnji drug u šetnjama po Berlinu, Valter Benjamin, ubio na granici Francuske i Španije, u Pirinejima...

* U drugom delu *Fausta* (vid. st. 6264) kazuje se o „majkama" kao „arhetipovima svih stvari", pa se Benjamin tako skrovito eruditno poigrava sa čitaocima Geteovog dela...

tlo. Male stepenice, vestibile na stubovima, frizove i arhitrave tirgartenskih paviljona – po prvi put smo ih hvatali u reči. No, pre svega je to bio slučaj sa stepenišnim natkrovljima koja su sa svojim vitražima ostala ista kao nekada, čak i ako se njihova nastanjena unutrašnjost znatno izmenila. Još znam stihove koji su, posle škole, ispunjavali intervale u pulsiranju moga srca kad god bih zastao tokom uspinjanja stepenicama. Dopirali su do mene iz tame vitraža gde je neka žena, lebdeći poput sikstinske Madone, s krunom u rukama, izlazila iz zidne niše. Podižući prstima, da bih rasteretio ramena, remenje svoje školske torbe, odgonetao sam: „Rad je ponos građanina / Blagoslov je cena napora."* Kućna kapija, tamo dole, zatvarala se sa škripom kao da se neka utvara vraća u grobnicu, u svoj zamak. Napolju je možda kišilo. Jedan od živopisnih prozora, vitraža, bio je otvoren, i po taktu kapi penjanje stepeništem je nastavljano. Ali, među karijatidama i atlantkinjama, anđelčićima i pomonama, koje su me nekada gledale, sada su mi najdraže bile one prašnjave, iz roda mudroslovki s praga** koje paze na korak u život ili u kuću. Jer, one su sebe razumevale na osnovu čekanja. I bilo im je svejedno da li su čekale na nekog stranca, na povratak starih bogova ili na dete koje je, pre trideset godina, sa školskom torbom promicalo pred njima. Pod njihovim se znakom stari Zapad pretvorio u antički, otkuda u susret lađarima duvaju zapadni vetrovi koji im, s njihovim teretom od hesperidskih jabuka, usporavaju plovidbu uz Landverski kanal, da bi pristali blizu Heraklovog mosta. I opet su, kao u

---

\* *Arbeit ist des Bürgers Zierde / Segen ist der Mühe Preis.* Dva stiha iz *Pesme o zvonu* Fridriha Šilera.

\*\* *Schwellenkundigen* – tu je reč sam autor skovao, označavajući njome kako karijatide i slične kamene boginje, „čuvarice inicijacijskih obreda" kao prelazâ preko praga, tako i, evokacijom, stare služavke koje su ga čekale na ulazima u mile mu domove (vid. na primer u tekstu *Ugao Šteglicove i Gentinove ulice*).

mome detinjstvu, hidra i nemejski lav zauzimali mesto u razbujalom, divljem šumarku* oko Velike zvezde.**

## CARSKA PANORAMA

Velika je draž putnih slika, koje su se nalazile u Carskoj panorami, u tome da je bilo svejedno s kojom ste rundom započinjali. Ekran je, u stvari, sa sedištima pred njim, bio kružan i svaka je slika, dakle, prolazila sve stanice odakle ste mogli da je posmatrate kroz dupli prozor u njenoj bledotoniranoj udaljenosti. Mesta je uvek bilo. A naročito potkraj moga detinjstva, kada je moda već okrenula leđa carskim panoramama, uobičajavano je da se putuje ukrug u polupraznoj sali. Muzike koja je u kasnijim putovanjima s filmom delovala uspavljujuće, jer je rastakala sliku kojom je fantazija mogla da se hrani – muzike nije bilo u carskoj panorami. Ali, izgleda mi da je jedan mali efekt, istinski potresan, nadmašivao svu varljivu čaroliju koja je oaze okruživala pastoralama, a ruševne ostatke zida žalobnim marševima. Bilo je to zvonce koje se oglašavalo na nekoliko sekundi pre nego što će se slika naglo povući da bi ustupila mesto najpre jednoj praznini a potom sledećoj slici. I svaki put kada bi zazvonilo, brda bi sve do svoga podnožja, gradovi sa svim svojim poput ogledala sjajnim prozorima, daleki, živopisni domoroci, stanice sa svojim gustim oblacima žutog dima, vinogradi s poslednjim svojim listićem, bili duboko prožeti setnom atmosferom rastanka. Po drugi put bio sam ubeđen – jer me je već pogled na prvu sliku u to redovno uveravao – da je nemoguće iscrpsti te divote tokom samo jedne jedine seanse. I tada se rađao naum – nikada ostvaren – da sledećeg dana ponovo dođem. Ipak, pre nego što bih sasvim odlučio, cela ta

---

* Wildnis – to je zapravo i naziv za jedan šumoviti deo Tiergartena.
** *Große Stern* je centralno kružno raskršće u *Tiergartenu*. Tako autor, kada tome dodamo i Heraklov most na Kanalu, astrološki i mitološki transfiguriše berlinsku četvrt *Zapad*.

građevina od koje me je odvajala samo drvena oplata počinjala je da podrhtava; slika je u svome malom okviru zatreperila da bi namah izmakla levo od moga pogleda. Umetnosti koje su tu istrajavale rođene su s XIX vekom. Zapravo ne rano, nego baš na vreme da bi još pozdravile doba bidermajera.* Godine 1822., otvorio je Dager svoju Panoramu u Parizu. Otada su ti jasni i blistavi dijapozitivi, akvarijumi daljina i prošlosti, bliski svim trkalištima i šetalištima u modi. A tu su, kao i u pasažima i kioscima, dobrohotno obuzimali snobove i umetnike pre nego što će postati zatvorene odaje unutar kojih su deca sklapala prijateljstvo sa zemaljskom kuglom čiji najprijatniji – najlepši, najslikovitiji – od meridijanâ je prolazio upravo kroz carsku panoramu. Kada sam po prvi put stupio u nju odavno je bilo prošlo doba najdivotnijih *veduta*. No, ta čarolija, čija su poslednja publika bila deca, nije bila ništa izgubila od svoje snage. Tako je ona htela da me uveri jednog poslepodneva pred transparentom u gradiću Eksu da sam se ja već davno igrao u maslinastoj svetlosti koja se probijalo kroz lišće platana na prostranom trkalištu Mirabo, u doba koje zaista nije imalo ništa zajedničko sa ostalim razdobljima moga života. Neobično u tim putovanjima je bilo je upravo da njihov daleki svet nije uvek tuđ i da čežnja koju su ona u meni budila nije uvek čežnja koja mami ka nepoznatom, nego pre, ponekad, mirnija želja za povratkom kući. Ali, to je možda bilo delo gasnog osvetljenja koje je tako meko padalo na sve stvari. A kada je kišilo, tada mi nije bilo potrebno da zastajem pred plakatima na kojima su bile tačko reprodukovane svih pedeset slika u dve kolone – ulazio sam u salu i tamo sada nalazio, u fjordovima i na kokosovim palmama, istu svetlost koja mi je svečeri obasjavala pult na kome sam radio školske zadatke. Može biti da je neki defekt u osvetljavanju iznenada izazivao ono retko sumračje pri kome bi boja

---

* *Biedermeier* – stilska epoha u kojoj je preovlađivalo dekorativno i sentimentalno, zahvatala je prvu polovinu XIX veka u Nemačkoj, i dala pečat ne samo određenom nameštaju nego i poeziji.

iščezavala iz predela. Tada bi on počivao tu, nemo, pod nekim pepeljavim nebom; bilo je kao da sam tada mogao da čujem vetar i zvona, samo ako bih se bolje usredsredio.

## STUB POBEDE*

Isticao se na prostranom šetalištu kao crveni datum na kalendaru s listovima na kidanje. Izgleda tako kao da bi ga s poslednjom obletnicom Sedana trebalo otkinuti. No, kada sam bio mali, nije se mogla zamisliti nijedna godina bez proslave godišnjice pobede kod Sedana. Posle Sedana ostale su samo još vojne parade. Tako, kada se Ujak Kriger, 1902. godine, posle izgubljenog burskog rata, provezao u kolima Ulicom Tauencin**, i ja sam tamo stajao u gomili, sa svojom guvernantom. Bilo je, naime, nezamislivo posmatrati, a ne čuditi se, nekog dobro odevenog gospodina, s cilindrom, zavaljenog na jastuke u kolima i koji je „vodio jedan rat". Tako se govorilo. Meni je to izgledalo veličanstveno i, istovremeno, ne sasvim prikladno; kao kad bi ta osoba „vodila" nosoroga ili jednogrbu kamilu i zbog toga postala čuvena. Šta je, dakle, moglo da dođe posle Sedana? S porazom Francuza činilo se da je svetska istorija pokopana u svoj slavni grob, ponad kojeg se uzdizao taj stub poput posmrtne stele i od kojeg se pružala aleja Pobede. Bio sam u četvrtom kada sam se uzverao širokim stepenicima koji su vodili do mramornih vladara toga stuba, i ne bez mračnog predosećanja da će mi se na isti način docnije ponuditi mnogi privilegovani usponi poput ovih stepenica; zatim sam se okrenuo prema dvojici vazala koji su, de-

---
* *Die Siegessäule* – Stub pobede, našao je svoje mesto i u epigrafskim stihovima za celo ovo Benjaminovo delo. Inače, nalazi se blizu *Reichstaga*, kod severnog dela *Tiergartena*, i komemoriše glasovitu bitku kod Sedana (Francuzi i Nemci), 1. septembra 1870. godine.
** U toj ulici je, sudeći po Benjaminovoj rukopisnoj ostavštini, bio je i jedan *kabinet krivih ogledala*!

sno i levo, krunisali zid u pozadini, donekle stoga su oni bile niže nego njihovi vladari i lakše ih je bilo ispitati, donekle i stoga što sam bi nošen izvesnošću da moji roditelji nisu bili dalje od sadašnjih moćnika nego što su ovi velikodostojnici to bili od ranijih. Ali, među njima sam najviše voleo onoga koji je na svoj način premošćivao neizmernu provaliju između školca i državnika. Bio je to biskup koji je u ruci držao katedralu štu mu je bila poverena, a koja je ovde bila tako mala da sam mogao da je sagradim i svojim kockama za igru. Počev od tada nikada ne bih naišao na Svetu Katarinu a da ne potražim njen točak, niti Svetu Varvaru a da se ne osvrnem za njenom kulom*. Nisam bio lišen objašnjenja otkuda je poticala dekoracija na Stubu pobede. No, nisam tačno shvatao šta su značile topovske cevi od kojih je bio sagrađen: da li su Francuzi pošli u rat sa zlatnim topovima ili da li smo tek mi zlato koje smo im oduzeli pretopili u topove. Bilo je to kao s mojom lepom knjigom, ilustrovanom hronikom toga rata, koja me je, budući da je nikada nisam dočitao, teško opterećivala. Zanimala me je; bliski su mi bilo planovi bitaka koje je opisivala; a ipak, nelagoda koju je u meni izazivao njen omot u zlatotisku nije prestajala da raste. Ali, još manje sam blagim nalazio zlato koje svetlucalo u ciklusu fresaka ovojnog hodnika koji je obvijao donji deo Stuba pobede. Nikada nisam stupio u taj prostor slabo obasjan odbljeskom s njegovog pozadinskog zida; bojao sam se da ću tamo naći ilustrovane prizore od one vrste kakve sam osupnuto zaticao, nikada bez užasavanja, u gravirama Gistava Dorea uz Danteov *Pakao*. Junaci čiji podvizi su blago svetlucali udno hodnika koji je ovijao Stub izgledali su mi, krišom, baš isto prokleti koliko i grozdovi ljudi koji su, bičevani kovitlacima vetra, živi zatočeni u krvavim stablima, zaleđeni u glečerima, izdržavali paklene muke u tamnim vrtačama. Tako je taj ovojni hodnik bio Inferno, sama suprotnost oreolu milosti koji je, gore, okruži-

---

* Sveta Katarina je bila raspeta na točak i odrubljena joj glava. Sveta Varvara, zatočena, imala je za uobičajeni atribut prilikom predstavljanja – zatvorsku kulu.

vao zračnu Viktoriju. Često su, tokom niza dana, tamo gore stajali ljudi. Izgledalo mi je da se crno izdvajaju na nebu poput figura iz mojih slikovnica na isecanje. Kad bih uzimao u ruke makaze i tubu s lepkom, nije li to bilo samo zato da bih, pošto je rad već završen, ponovo prerasporedio takve lutkice pred portalima, iza žbunja, između stubova i svugde tamo gde bi mi se prohtelo? Ljudi tamo gore, u svetlosti,* bili su stvorenja neke slične blažene proizvoljnosti. Okruženi večnom nedeljom. Ili je to bila neka večna obletnica Sedana?

## TELEFON

To bi moglo poticati iz konstrukcije naprave ili iz sećanja, ali izvesno je šumovi iz prvih telefonskih razgovora odjekuju u mojim ušima znatno drukčije nego današnji. Bili su to noćni šumovi. Nikakva ih muza ne najavljuje. Noć iz koje su dolazili bila je ona koja prethodi svakom istinskom novom rođenju. I zaista je bio novorođenče taj glas koji je spavao u aparatima. Svakoga dana i svakoga časa bio je telefon moj brat blizanac. I zahvaljujući tome mogao sam biti svedok kako je u svojoj dičnoj karijeri prevazišao poniženja iz ranog vremena. Jer, dok su veliki lusteri, zakloni za peći i sobne palme, konzola, jednonožni okrugli stočić i balkonske ograde, koji su nekada paradirali u našim salonima, odavno već mrtvi i istrulili, aparat je, nalik junaku iz predanja, koji je donedavno bio osuđen na planinsku klisuru, napustio mračni hodnik i kraljevski ušao u svetle i blistave sobe čije prostore sada nastanjuje mlađi naraštaj. Za nju je on postao uteha u usamljenosti. Zasijao je svetlom poslednje nade tim beznadnicima koji su hteli da napuste ovaj rđavi svet. Delio je postelju s napuštenima. Bio je kadar i da piskavi glas što ga je poneo iz izgnanstva umekša, dajući mu toplinu. Postojala je, naime,

---
\* *Droben im Licht* — izraz potiče iz Helderlinove pesme o sudbini gde označava boravište „blaženih genija", „stranaca sudbini"...

potreba za drugim tamo gde se svako nadao snatreći njegov poziv ili ga očekivao, drhteći poput grešnika. Među onima koji ga danas koriste retki su koji još znaju kakve je nevolje izazivala njegova pojava u krilu porodice. Šum koji bi on stvarao zvoneći između dva i četiri časa, kada je školski drug hteo još nešto da mi kaže, bio je alarmni signal koji nije samo potresao poslepodnevni počinak mojih rodtelja nego i istorijsko razdoblje sveta usred koga su se oni odmarali. Razmimoilaženja mnenja sa opšteuobičajenim bili su pravilo, a da i ne spominjem pretnje i psovke koje je moj otac upućivao odeljenju za žalbe. Ali, svoje prave orgije namenjivao je ručici kojoj se posvećivao minutima i minutima, sve do samozaborava. A njegova ruka je bila poput derviša koji se predaje slastima svoga zanosa. Ipak, meni je tada srce tuklo, i u takvim slučajevima sam bio siguran da službenici kao kazna za njen nehat preti srčani udar. U tim vremenima telefon je bio obešen, kao izrod i odbačeno biće, između korpe za prljavo rublje i gasometra, u nekom ćošku u mračnom delu hodnika, odakle je njegova zvonjava još većma terorisala berlinski stan. Kad bih tada dolazio, jedva još gospodareći svojim čulima, posle dugog pipanja po tamnom prolazu, da bih zaustavio uzbunu, te grabio obe slušalice, teške kao đulad, i poturao glavu među njih, bio sam nemilosrdno izložen glasu koji je tu govorio. Nije bilo ničega što bi ublažilo stranu i onespokojavajuću silu s kojom je on prodirao u mene. Patio sam, nemoćan, što mi on rastura poštovanje vremena, dužnosti i odluka, što mi ništi sopstvenu refleksiju, i poput medijuma potčinjenog glasu koji me se dočepao od one strane, pristajao sam na prvi predlog, kao najbolji, koji mi je izručivan telefonom.

## LOV NA LEPTIROVE

Da i ne govorim o putovanjima koje smo ponekad leti preduzimali, svake godine smo išli, pre nego što bih pošao u školu, u letnjikovac u okolini Berlina. Još dugo vremena posle, na te boravke me je podsećala prostrana kutija koja je bila okačena na zidu moje dečje sobe; ona je svedočila o počecima jedne zbirke leptirova čiji najstariji primerci su bili uhvaćeni u vrtu na Pivarskom brdu. Leptiri kupusari sa izreckanim rubovima, limunasti leptirovi sa odveć sjajnim krilima, oživljavali su u mome duhu grozničave lovove koji su me često odvodili daleko od uređenih vrtnih staza, u divljinu u kojoj sam, nemoćan, prisustvovao kovitlacima vetra i mirisa, lišća i sunca, koji bi odlučivali o letu leptirova. Naglo bi poleteli put nekog cveta, lebdeli nad njim. S podignutom mrežom čekao sam još samo trenutak da opčinjavanje, kojim je cvet izgleda delovao na par krilcadi, završi svoj posao; ali, gle, krhko telo, bez ikakvog pravila, kliznu sa strane da bi nepomično lebdelo nad nekim drugim cvetom, i opet iznenada ga napustilo ne dotaknuvši ga. Kad bi me tako neki lisac ili kalinovik, preko koga bih ja mirno mogao da pređem, svojim oklevanjem, oscilovanjem i zastancima izludeo, tada bih najviše želeo da se rastočim u svetlost i vazduh samo da bih se neprimećen mogao da se primaknem svome plenu i dočepam ga se. I moja se želja ispunjavala do te mere da su me svaki zamah ili uravnotežavanje tih krila, kojima sam bio opčinjen, pretvarala u dah i drhtanje. Među nama je počinjao da vlada stari zakon lova: što sam se većma svim svojim žilicama prilagođavao životinjici, većma u sebi bivao opnokrilac, utoliko je više taj leptir poprimao, u gestama i potezima, boju ljudskog odlučivanja i, konačno, njegovo hvatanje je postajalo cena koju sam morao da platim da bih mogao da povratim svoju ljudsku prirodu. Ipak, kada bi se to dogodilo, predstojao je naporni put koji sam morao da pređem od pozornice svoje lovačke sreće do logora gde su do izražaja dolazili eter, vata, čiode sa šarenim glavicama i pincete iz botaničarske torbice. A u kakvom je stanju za mojim leđima ostajao lovački teren! Trave su bile pogažene, cvetovi pokidani; sam lovac, sklopivši sporazum sa sopstvenim telom, odbacivao ga je sasvim iza svoje mreže, i nad tolikim razaranjem, nespretnostima i nasiljem – držao je, drhteći a ipak pun oholosti, u prevoju mreže poplašenog leptira. Tokom tog napornog puta, duh onoga koji je namenjen smrti obuzimao je lovca. Iz tog stranog jezika kojim su se opnokrilac i cvetovi sporazumevali pred njegovim očima, on je sada poimao nekoliko pravila. Njegova žudnja za usmrćivanjem bivala je manja, a njegova poverljivost utoliko veća. Zrak, ipak, u kome je taj opnokrilac donedavno lebdeo, danas je posve prožet rečju koja, otada, već decenijama nije dospevala do ušiju niti prelazila preko mojih usana. Ona je sačuvala neprozirnu prirodu koju za odraslog imaju imena iz detinjstva. Dugi period zaborava i ćutanja ih je preobrazio. Tako, kroz vazduh pun leptirova, treperi reč *Brauhausberg*, „Pivarsko brdo". Na Pivarskom brdu, blizu Potsdama, bio je naš letnjikovac. Ali, ime je izgubilo svu težinu, uopšte ništa više ne sadrži od neke pivare; u svakom slučaju, to je brdo prožeto plavetnošću koja se leti podizala da bi udomila mene i moje roditelje. I otuda Potsdam moga detinjstva počiva u tako plavom vazduhu, kao da su njegovi žalosnici ili admirali, paunove oči i aurore, bili razvejani po jednom od blistavih emajla iz Limoža na kojima se zupčaste puškarnice i zidine Jerusalima izdvajaju iz tamnoplave osnove.

## ODLAZAK I POVRATAK

Tračak svetla pod vratima spavaće sobe, u predvečerje, dok drugi još nisu pomišljali na postelju – nije li bio prvi signal putovanja? Ne prodire li taj tračak u dečju noć punu iščekivanja kao što će, kasnije, u noć publike prodirati tračak svetla ispod zavese na pozornici? Verujem da je brod sna koji nas je nekada pohodio često nepomično plutao pred našim krevetima na šumu talasa razgovora i peni zveckanja tanjira, a u ranu zoru nas napuštao, grozničave, kao da je već ostalo za nama putovanje na koje bismo tek trebalo da krenemo. Vožnja u nekom klepetavom fijakeru duž Landverskog kanala, i u kome bi mi iznenada zamiralo srce. Svakako ne zbog onoga što je nailazilo ili zbog rastanka; nego me je jalova međusobna pribijenost koja se još održavala, koja je još trajala, koja nije bila proterana daškom putovanja, poput sablasti pred osvit, plavila tugom. Ali, ne zadugo. Jer, kada su kola za sobom ostavila Gradnulicu, u duhu sam već predosećao naše putovanje vozom. Otada su za mene dine Kozerova ili Veningšteta završavale ovde, u Ulici invalidâ, tamo gde su drugi videli jedino gomile šljake štetinske železničke stanice. No, u većini slučajeva, za uranka, cilj je bio bliži. Bila je to, naime, *Anhalter*, anhaltska stanica, čije ime je poticalo od glavne železničke hale gde je bilo sklonište lokomotiva i gde su vozovi morali da zastanu.\* Nikakva daljina nije bila dalja nego tu gde su se, u magli, susticali njeni peroni. Pa ipak, prominula je i blizina koja me je još doskora obuhvatala. Stan je bio prometnut u sećanje. S njegovim zamotanim tepisima, s lusterima povijenim u juteno platno, pokrivenim foteljama, s polusvetlom koje je provejavalo kroz žaluzine, on je ostavljao mesta, upravo u času kada bismo kročili na stepenik našeg vagona brzog voza, očekivanju tuđih đonova, stišanih koraka lopova čiji će se tragovi, ubrzo možda, špartajući po parketu, ocrtavati u prašini koja je stigla već, otpre jednog časa, da mirno zaposedne stan. Događalo se zato da sam se svaki put s letnjeg odmora vraćao kao beskućnik. I poslednja rupa, podrumsko stanište, gde je svetiljka već sijala – a nije bilo potrebno da tek bude upaljena – zasluživala je moju zavist u poređenju s našim, u tamu uronjenim stanom na Zapadu. Kada bismo se vraćali iz Banzina ili Hanenklea, dvorišta su mi, tako, pružala mnoga mala, tužna utočišta. Zatim, istina je, grad bi ih opet zatvarao kao da je požalio svoju uslužnost. Kad bi voz duž njih usporavao, bilo je to stoga što bi mu neki signal pred ulazak u stanicu zabranjivao prolaz. Što je on sporije vozio, utoliko se brže izjalovljivala nada da ćemo ikada zamaknuti iza kamenih zidova nadomak roditeljskog stana. Ipak, te prekobrojne minute pred silazak iz voza još i danas imam pred očima. Mnogi pogled možda preko njih prelazi kao preko onih prozora koji, u dvorištima, stoje na oštećenim zidovima i iza kojih svetli lampa.

---

\* Igra sa *Anhalt* i *anhalten* – najpre, naziv oblasti po kojoj je stanica dobila ime, a potom u značenju *zaustaviti se*.

## ZAKAŠNJAVANJE

Časovnik u školskom dvorištu izgledalo je da pokazuje moju krivicu. Stajao je na „zakasnio". A u hodniku je do mene, iz razreda pored kojih sam prolazio, dopiralo šaputanje tajnih saveta. Učitelji i učenici u njima bili su prijatelji. Ili je sve bilo tiho, kao da se na nekog čekalo. Bešumno sam dodirnuo kvaku. Sunce je obasjavalo mesto na kome sam stajao. Prokleo sam tada svoj nesrećni dan i otvorio. Izgledalo je da me niko ne prepoznaje. Kao đavo senku Petera Šlemila,\* učitelj je na početku časa prozvao moje ime. I ja više neću doći na red. Tiho sam radio do zvona. Ali, u meni nije bilo osećanja nikakvog blagoslova.

## ZIMSKO JUTRO

Svako ima vilu koja ispunjava jednu želju. Ali, samo retki umeju da se sete želje koju su izrekli; i zato će samo retki, u svom kasnijem životu, prepoznati njeno ispunjenje. Ja znam želju koja mi se ispunila, i neću reći da je bila pametnija od one iz dečjih bajki. Ona se u meni obrazovala zahvaljujući svetiljki kada se ova, u rano zimsko jutro, oko pola sedam, primicala mojoj postelji i na pokrivač bacala senku dadilje. U peći je zapalila vatru. Ubrzo me je plamen gledao kao zatočen u nekoj odveć maloj fijoci gde je jedva od uglja mogao da se razmahne. A ipak bilo je to nešto tako silno što je, sasvim blizu mene, manje od mene, počinjalo da se ustoličava i prema čemu je dadilja morala da se nagne jače nego prema meni. Kada je on bio zbrinut, stavi ona jabuku da se peče u maloj rerni. Uskoro se rešetka s vrata na kaminu ocrtavala u crvenom odsjaju na parketu. A mojoj sustalosti je izgledalo da će joj ta slika biti dovoljna za ceo dan. Tako je bilo uvek u taj čas; jedino je glas dadilje kvario obred kojim je zimsko jutro uobičajavalo

---

\* Junak iz Šamisoove povesti, Peter Šlemil, prodaje svoju senku đavolu.

da me poveri stvarima u mojoj sobi. Žaluzina nije bila još podignuta kada sam ja već prvi put pomakao rezu na vratima peći da bih proverio jabuku u rerni. Katkad ona jedva da je još promenila svoju aromu. Tada bih se strpeo pošto sam verovao da je osetiti penušavi miris koji je poticao iz jedne ćelije zimskog dana dublje i tajanstvenije još nego čak da je u pitanju miris bora za Badnje veče. Tu je ležao tamni i topli plod, jabuka, koja mi se primicala poverljiva a ipak preobražena kao neki dobar poznanik koji je bio na putovanju. Bilo je to putovanje kroz tamnu zemlju užarenosti peći iz koje je jabuka izvlačila aromu svih stvari koje mi je dan pripremao. I zato nije bilo ništa neobično da sam uvek, dok bih grejao ruke na njenim blistavim obrazima, oklevao da u nju zagrizem. Predosećao sam da bi prhki nauk koji mi je ona darivala svojim mirisom mogao suviše lako da mi izmakne na mom jeziku. Taj nauk urezivao bi mi se ponekad toliko u srce da mi je pružao utehu još i kada sam već bio na putu za školu. Jednom mi se doista dogodilo tamo, u dodiru s mojom klupom, da se čitava sustalost, koja je izgledala da je nestala, odjednom vratila udesetostručena. A s njom i želja: moći se ispavati. Izrekao sam je, svakako, hiljadu puta i, kasnije, ona mi se stvarno ispunila. Ipak, potrajalo je dugo dok je, u svagdašnjoj zaludnosti nada da imam neko mesto i siguran hleb, nisam prepoznao kao uslišenu.

## UGAO ŠTEGLICOVE I GENTINOVE ULICE

Tada su se još u svačijem detinjstvu isticale tetke koje nisu više napuštale svoju kuću, koje bi uvek čekale na nas kad god bismo im došli s majkom u posetu i koje bi nam, uvek sa istim crnim kapicama i u ustoj svilenoj haljini, iz istog naslonjača, poželele dobrodošlicu. Poput vila koje začaravaju celu jednu dolinu a da, istovremeno, nikada u nju nisu sišle, vladale su one celim nizovima ulica a da se nikada na ulici nisu ni pojavile. Takvim bićima je pripadala tetka Leman. Njeno dobro severnonemačko ime pribavljalo joj je pravo da, tokom celog jednog naraštaja, bude ustoličena u zatvorenom uglovnom balkonu pod kojim se Šteglicova ulivala u Gentinovu ulicu. Ulični ugao spadao je među one koje jedva da su dotakle promene poslednjih trideset godina. Na njega je, u međuvremenu, popao veo koji ga je sakrio od mojih dečjih očiju. Za mene se, naime, tada on još nije ni zvao po Šteglicu. Svoj naziv dugovao je ptici štiglic. A nije li moja tetka tu boravila poput ptice, u svome kavezu, koja ume da govori? Svaki put kada sam ulazio u taj kavez, on je bio ispunjen cvrkutanjem te crne pričice koja je bila odletela daleko od svih gnezdašca i svih poljskih dobora gde su njeni rasejani preci jednom boravili, i koja je u svome sećanju sačuvala oba imena – selâ i rodova Trgovišta – koja su često bila upravo istovetna. Tetka je znala veridbe, kuće, srećne i nesrećne slučajeve svih Šenflisovih, Ravičerovih, Landsbergovih, Lindenhajmovih i Štargardovih, koji su nekada, trgovci stokom i žitom, naseljavali Brandeburško trgovište i Meklenburg. No, sada, njihovi sinovi i, možda, njihovi unuci, osećali su stari Zapad kao svoj zavičaj, u ulicama koje su se zvale po pruskim generalima, a ponekada i po gradićima iz kojih su oni došli ovamo. Često bih, docnije, dok je moj brzi voz proletao pokraj takvih zabačenih zaselaka, s visokog nasipa gledao salaše, imanja, senjake i zabate, i pitao se: nisu li možda upravo ovde davno za sobom ostavili svoje senke roditelji one male starice kod koje sam kao dečak odlazio? Tamo bi mi glas loman, krhak poput stakla, poželeo dobar dan. Ipak, nijedan glas nije bio tako tanano izatkan, i u sazvučju sa onim što me je očekivalo, kao glas tetke Leman. Tek što bih ušao, u stvari, ona bi se pobrinula da se pred mene stavi velika staklena kocka u kojoj je bio prikazan prizor celog jednog rudnika u punoj aktivnosti, u kome su minijaturni rudari, bušači, nadzornici, s vagonetima, pijucima i fenjerima, radili tačno u taktu neke časovničke mašinerije. Ta igračka – ako se to tako može nazvati – poticala je iz doba koje još nije oklevalo da čak i detetu iz bogate građanske kuće dozvoli pogled na mesta rada i mašina. A između svih tih mesta uvek je bio izabiran rudnik, jer on je dočaravao ne samo blaga do kojih se dolazilo napornim radom na korist svih umešnih, nego i srebrno iskrenje iz svojih vena koje je toliko opsenjivalo razdoblje bidermajera, sa Žan-Paulom, Novalisom, Tikom i Vernerom. Taj balkonski stan bio je dvostruko obezbeđivan kao što je i valjalo za mesta koja su u sebi skrivala takve dragocenosti. Odmah posle kućne kapije, levo, bila su, u predvorju, tamnoobojena vrata stana sa zvoncetom. Kad bi se ona otvorila preda mnom, prema gore je vodilo tesno i zagušljivo stepenište, kakvo sam, kasnije, otkrivao samo još u seoskim kućama. U slabom svetlu gasne svetiljke, odozgo, stajala je stara služavka pod čijom sam zaštitom odmah prelazio drugi prag koji je vodio do ulaza u taj mračni stan. No, nisam se mogao ni zamisliti bez neke od tih starih služavki. One su, naime, sa svojim gospodaricama delile blago, ma bilo to samo blago skrovitih uspomena, i ne samo da su ih shvatale već na prvu reč, nego su umele i da ih zastupaju pred svakim strancem sa svom dičnošću. Ni pred kim im to nije polazilo za rukom kao preda mnom koja su, većinim, mnogo bolje razumevale nego njihove gospodarice. Prema njima sam ja, onda, zauzvrat, gajio poštovanje, čak divljenje. Bile su, ne jedino telesno, uglavnom masivnije, moćnije, od njihovih poslodavki, i događalo se da salon, tamo gore, uprkos rudniku ili čokoladi, nije imao toliko da mi kaže koliko predvorje u kome me je stara pomagačica, kada bih došao, rasterećivala mantilčića kao bremena, a kada bih odlazio – natukla bi mi kapu kao da je htela da me blagoslovi.

## OSTAVA

Kroz procep odškrinutog ormara za namirnice probija se moja ruka poput ruke nekog zaljubljenika kroz noć. Kad bi se onda odomaćila u tami, pipkala je za šećerom ili bademom, za suvim grožđem ili kompotom. I poput ljubavnika koji, pre nego što će je poljubiti, grli svoju devojku, čulo dodira je imalo svoj ljubavni sastanak s njima pre nego što će usta okušati njihovu slast. S kakvom se samo predanošću nude med, zrnca korintskog grožđa, čak i riža, umiljavajući se u ruci! Kako je samo strastan susret dvaju bića koja su, najzad, izmakla kašiki! Zahvalna i divlja, nudi se ovde marmelada od jagoda bez imalo hleba i takoreći pod vedrim nebom da se njome naslađujemo, pa čak i maslac, skorupka, uzvraća nežno na odvažnost zaljubljenog šunjala koji se uvukao u njenu devojačku sobu. Ruka, mladalački Don Huan, odmah je prodirala u sve ćelije i kutke, iza slojeva koji se ruše i gomilâ koje se razlivaju: devičanstvo se obnavlja bez jadikovki.

## BUĐENJE SEKSA\*

U jednoj od onih ulica kojima sam, kasnije, prolazio u svojim beskonačnim lutanjima, iznenađuje me, kad mu je došlo vreme, buđenje polnog nagona u najneobičnijim okolnostima. Bilo je to za jevrejsku Novu godinu,

---

\* Benjaminov verni prijatelj, Gerhard (kasnije Geršom) Šolem, koji je čitao, 1933. godine, ove tekstove u rukopisu, namenjene zbirci *Berlinsko detinjstvo*, savetovao je autoru, nesumnjivo šokiran evociranom vezom seksualnosti i sinagoge, da ovaj zapis odstrani. Inače, Benjamin je bio presrećan zbog Šolemovog utiska da je u *Berlinskom detinjstvu* prijatelj prepoznavao ponešto i iz svoga detinjstva. Šolem je pripadao tadašnjoj generaciji nemačkih intelektualaca koji su ne samo priznavali svoje jevrejske korenove, nego su se i naglašeno privrgli judaizmu. Videli su u vezi Nemaca i Jevreja „istorijski promašaj", i ubrzo se pokazalo da su dobro videli kada je s nacističkim „konačnim rešenjem" grozno poentiran njihov razilazak. Zanimljivo je da njihovi očevi, pa tako i Benjaminov i Šolemov, nisu delili verske, književne i filozofske sklonosti sinova. Očevi su gotovo zaboravili da su ikada bili Jevreji. Taj zaborav identiteta mora da je, između ostalog, i revoltirao sinove, naročito u to vreme oko prvog svetskog rata, kada se u Nemačkoj proporađa nacionalizam. Šolem će čak napustiti

a roditelji su bili naumili da me zbrinu u krilu nekog verskog obreda. Verovatno se radilo o reformisanoj zajednici, prema kojoj je moja majka, poradi porodične tradicije, gajila izvesnu simpatiju, dok je ortodoksnom ritualu, opet zahvaljujući svojoj rodnoj kući, bio skloniji moj otac. Ali, on je morao da popusti. Za taj praznik su me poverili na čuvanje nekom dalekom rođaku kod koga je trebalo da odem. No, bilo da sam zaboravio njegovu adresu, bilo da se nisam snašao u toj gradskoj četvrti – sve većma se smrkavalo a moje lutanje je bilo sve bezizglednije. Da sam pođem u sinagogu nije dolazilo u obzir, budući da su ulazne karte bile kod moga zaštitnika. Glavnu krivicu za taj moj zao udes trebalo bi pripisati odbojnosti prema gotovo nepoznatom na šta su me odaslali, kao i bojazni od verskih ceremonija koje su mi u izgled nudile jedino smetenost. Tada, dok sam bio usred neodlučnosti, obuze me vreli talas straha – „suviše kasno, sinagoga je izgubljena" – ali, pre nego što me je on sasvim preplavio, tačno u istom trenutku, naiđe i drugi, savršene bezbrižnosti – „šta god se desilo, ne ide mi se tamo". I oba talasa združiše se neodoljivo u prvo veliko osećanje zadovoljstva, u kome se obesvećivanje

---

Berlin i zauvek otići u Jerusalim, 1923. godine, upravo u doba kada Benjamin dovršava svoje doktorsku tezu u Frankfurtu. Benjamin je tada prijatelju stotinu puta obećavao da će i sám poći za Jerusalim, te da će naučiti hebrejski, pa i govoriti ga usred Berlina, ali su uvek neke druge stvari ispadale hitnije. Ljubavne, filozofske ili političke. Šolem će, u povesti svoga prijateljstva, iskreno naglašavati da, iako se prijatelj zanimao za njegova istraživanja (na primer, oko jevrejske mistike), da je Benjamin, ipak, na kraju krajeva, „ignorisao judaizam". U *Berlinskom detinjstvu* zapazićemo da autor čuva svoje uspomene na božićne praznike, izrazito hrišćanski obred, i ne odriče ih se. Poznato je, pak, da je mladi Šolem, za razliku, napuštao roditeljsku kuću tokom tih hrišćanskih večeri, u znak svoga protesta...

Kako god bilo, sudeći po poslednjim verzijama *Berlinskog detinjstva*, Benjamin je prihvatio prijateljev savet, i teksta pred vama nema u njima.

praznika mešalo s kuplerajskom ulicom koja mi je ovde, po prvi put, dozvolila da naslutim usluge koje je ona valjalo da čini probuđenim nagonima.

## VEST O SMRTI

Često je opisivano ono *déjà vu*. Da li je, zapravo, ta oznaka srećna? Ne bi li trebalo govoriti o događajima koji nas presreću poput odjeka čiji je poziv, koji ga je izazvao, proistekao nekada, izgleda, u tami proteklog života. Uostalom, tome odgovara činjenica da nas šok, s kojim se neki trenutak kao već življen prima u našu svest, u većini slučajeva pogađa u obliku nekog zvuka. To je neka reč, šum ili zaglušujući prasak, koji nas sa silovitošću nepripremljeno pozivaju u hladnu grobnicu nekadašnjeg, preko čijeg nam se luka sadašnjost, izgleda, vraća kao neki prosti odjek. Neobično je da niko još nije sledio obrnutu putanju ovog udaljavanja – šok kojim nas neka reč spotiče kao zaboravljeni muf u našoj sobi. Kao što ovaj može da ukaže na neku strankinju koja je bila u sobi, postoje tako reči ili ćutnje koje nam ukazuju na tu nevidljivu strankinju: budućnost koja ih je zaboravila kod nas. Mogao sam imati pet godina. Jedne večeri – bio sam već u postelji – pojavio se moj otac. Verovatno da bi mi rekao laku noć. Bilo je napola protiv njegove volje, mislim, da me izvesti o smrti nekog rođaka. U pitanju je bio stariji čovek koji me se ništa nije ticao. No, otac mi o celoj stvari ispriča sa svim potankostima. Opisivao je, na moje pitanje, šta je srčani udar, i bio je opsežan. Od priče nisam mnogo zadržao. Ipak, te sam večeri dobro zapamtio svoju sobu i krevet kao što se tačno zapaža neko mesto za koje se predoseća da ćemo jednoga dana tamo morati da se vratimo i potražimo nešto zaboravljeno. Tek posle mnogih godina saznao sam šta. U toj sobi moj mi je otac prećutao deo vesti. Rođak je, naime, umro od sifilisa.

## PIJAČNA HALA
## NA MAGDEBURŠKOM TRGU

Pre svega, ne treba misliti da se govorilo *Markt-Halle*. Ne, govorilo se „*Mark-Thalle*".* I kao što su obe ove reči u običnom govoru bile izlizane, da nijedna nije sačuvala svoje prvobitno značenje, tako su i svakojake slike, koje mi je pružala ta hala tokom mojih uobičajavanih šetnji kroz nju, bile dotle izlizane da nijedna od njih nije dočaravala prvobitni pojam kupovine i prodaje. Pošto bi se za sobom ostavilo predvorje s teškim vratima koja su snažno vibrirala u spiralama, pogled bi se najpre lepio za kamene ploče, klizave od vode za čišćenje ili s ribarničkih tezgi, i na koji se lako moglo posrnuti na šargarepama ili salatnim listovima. U boksovima razdvojenim bodljikavom žicom, i svaki s brojem, stolovale su teškopokretne piljarice, sveštenice trgovačke Cerere, pijačarke svakojakih poljskih plodova i voćaka, svakojakih ptica, riba i sisarske živeži, podvodačice, nedodirljive divkinje u vunenim džemperima, koje međusobno saobraćaju, od tezge do tezge, bilo munjevitim odsjajem velikih dugmadi, bilo lupanjem po ploči, bilo dahom koji je talasao njihove grudi. Nije li ispod poruba njihovih haljina bilo nešto što se kuvalo, ključalo, nadimalo? Nije li tamo bilo neko istinski plodno tle? Nije li neki pijačni bog lično prosipao robu u njihovo krilo, zrnevlje, ljuskare, pečurke, komade mesa i kupusa, nevidljivo saobitavajući s njima koje su mu se predavale dok su ćutke motrile, oslonjene o tezge ili s vagom među kolenima, na mimohod domaćica koje su, s torbama i mrežama, naporno pred sobom držale svoj nasad, hodeći klizavim i prljavim prolazima. No, kada se smrači i umor osvoji, one klonu dublje od nekog iscrpljenog plivača. Konačno, dopuštaju da budu ponesene mlakom strujom nemih

---

* *Markthalle*, na nemačkom označava pokrivenu tržnicu. A *Mark-thalle* bi bio talir, srebrni ili zlatni, s tačno određenom količinom plemenitog metala.

klijenata koji, očiju iskolačenih kao u riba, usredsređeno fiksiraju oštro grebenje na kome se te spužvaste najade predaju predahu.

## SKROVIŠTA

U stanu sam već poznavao sva skrovišta i vraćao im se kao u kuću u kojoj je sigurno da ću sve pronaći na starom mestu. Srce mi je tuklo, prestajao sam da dišem. Tu sam bio zatočen u svetu materije. Pokazivala mi se čudesno jasna, primicala mi se bez reči. Tako, samo onaj koji se veša duboko shvata šta je konopac i drvo. Dete skriveno iza zavese na vratima i samo biva nešto lebdeće i belo, sablast. Trpezarijski sto pod kojim se stisnulo, pretvara ga u drvenog idola u hramu, pri čemu su izrezbarene noge postale četiri stuba. A iza nekih vrata, ono je i samo vrata; nosi ih poput teške maske i kao čarobnik omađijava svakog ko ulazi na vrata ništa ne sluteći. Ni po kakvu cenu ne sme da bude otkriveno. Kada se krevelji, vele mu da je dovoljno da u taj tren časovnik počne da otkucava pa da takav, s grimasom, zauvek ostane. Koliko je to istinito spoznao sam igrajući se žmurke. Onaj ko bi me otkrio, mogao je da od mene napravi okamenjenog idola pod stolom, da me osudi da zauvek ostanem sablast iza zavese, vradžbinom da me za ceo život utamniči u teškim vratima. Zato sam izletao s glasnim krikom demona koji me je tako preobražavao, dok me je onaj ko me tražio hvatao – da, ne čekajući poslednji trenutak, predupredivao sam njegov gest krikom samooslobođenja. Stoga me borba s demonom nije nikada zamarala. Stan mi je pri tome služio kao arsenal maski. Ipak, jednom godišnje, na tajnim mestima, u praznim očnim dupljama maski, u njihovim ukočenim ustima, bili su pokloni, magijsko iskustvo postajalo je nauka. Tada sam, kao njen inženjer, otčaravao mračni stan i tražio uskršnja jaja.

## DVE ZAGONETKE

Među razglednicama u mojoj zbirci bilo je nekoliko čija mi je ispisana strana jasnije ostala u pamćenju nego njihova slika. Na njima je bio lep i čitljivi potpis: Helena Pufal. To je bilo ime moje učiteljice. P, s kojim je počinjalo, bilo je P iz Postojanosti, Preciznosti, Prvog; f je značilo dosledan, marljiv, bez grešaka, a l koje je dolazilo na kraju bilo je figura krotkog, dostojnog pohvale i radoznalog.* Tako je ovaj potpis, kad bi se, kao u semitskim jezicima, sastojao jedino iz suglasnika, bio ne samo sedište kaligrafskog savršenstva, nego i koren svih vrlina.

Dečaci i devojčice iz najboljih kuća građanskog Zapada išli su u obdanište gospođice Pufal. U pojedinačnim slučajevima pravilo nije bilo strogo, pa je u područje građanskog mogla da zaluta i neka devojčica plemenitog roda. Zvala se Lujza fon Landau, i ime me je odmah očaralo. Do danas mi je ono ostalo živo, ali ne po tome. Bilo je, pre, prvo među onima na koja sam čuo da pada naglasak smrti. Dogodilo se to kada sam, prerastavši već naše zabavište, bio u prvom razredu škole. I kada bih potom išao na Licovljev kej, neprestano sam očima tražio njenu kuću. Ona se, slučajem, nalazila naspram malog vrta koji je, na suprotnoj obali, izlazio na vodu. I to se dugo tako intenzivno mešalo u mome duhu sa omiljenim imenom da sam, konačno, bio ubeđen da je cvetna leja koja je neomeđeno džikljala bila kenotaf preminule devojčice.

Gospođicu Pufal je nasledio gospodin Knohe. Tada sam bio u osnovnoj školi. Ono što se događalo u razredu, u najvećoj me je meri odbijalo. Ne presreće, ipak, moje pamćenje gospodina Knohea tokom neke od njegovih kaznenih mera, nego pre u njegovoj ulozi vidovnjaka koji predviđa budućnost, i to mu je dobro polazi-

---

* Učiteljicino ime: *Helene Pufahl*. U izvorniku, otuda, za *P* – *Pflicht, Pünktlichkeit* i *Primus*; za *f* – *folgsam, fleissig* i *fehlerfrei*; a za *l* – *lammfromm, lobenswert* i *lernbegierig*.

lo za rukom. Imali smo čas pevanja. Uvežbavali smo pesmu vitezova iz *Valenštajna*:

> *Dižite se, drugovi! Na konje, na konje!*
> *Na bojno polje, put slobode!*
> *U bitku, jer tad muško još nešto vredi,*
> *Tad se srce još oseća.*\*

Gospodin Knohe zapita razred šta bi trebalo da znači poslednji stih. Prirodno, niko nije znao odgovor. No, to je gospodinu Knoheu izgledalo sasvim u redu, i on objasni: „Razumećete kad odrastite."

Onda mi se činilo da je obala odraslosti protokom još mnogih godina od moje odvojena onoliko koliko je to bila ona obala s koje se, preko, mogla videti cvetna leja i na koju nikada nisam išao za svojih šetnji s guvernantom. Kasnije, kada više nije bilo nikoga da mi propisuje moj put i kada sam i ja već razumevao „Pesmu vitezova", prolazio sam pokadšto sasvim blizu leje na Landverskom kanalu. No, tada je izgledalo da ređe cveta. A o imenu, koje smo jednom zajedno utvrdili, nije umela da me ništa više pouči, kao što ni rečeni stih iz „Pesme vitezova", sad, kada sam razumeo, nije sadržavao onaj smisao koga nam je obećavao gospodin Knohe u svojoj lekciji pevanja. Prazna grobnica i srce koje osećamo – dve zagonetke čija mi rešenja život još duguje.

## VIDRA

Kao što sliku o nečijoj ličnosti sklapamo na osnovu stana u kojoj ona živi i četvrti u kojoj stanuje, tako sam i ja činio sa životinjama iz Zoološkog vrta.\*\* Počev od

---

\* Stihovi (1052–1055) iz Šilerove drame *Wallenstein*: „Wohl auf, Kameraden, aufs Pferd, aufs Pferd! / Ins Feld, in die Freiheit gezogen! / Im Felde, da ist der mann noch was wert, / Da wird das Herz noch gewogen."

\*\* Benjaminov otac je bio akcionar berlinskog Zoološkog vrta, pa je mali Valter mogao, kad god je hteo, da besplatno posećuje to čarobno mesto.

nojeva koji stoje u špaliru iz koga su sfinga i piramide, do nilskog konja koji je u svojoj pagodi poput čarobnjaka na putu da se telesno stopi s demonom kome služi, jedva da je bilo obitavališta životinje kojeg nisam voleo ili ga se bojao. Ređe su bile među njima one koje su, već po položaju svoga doma, imale nešto posebno: većinom su to bili stanovnici perifernog pojasa, onih delova kojima se Zoološki vrt dodirivao s kafićima ili Sajmištem. Ali, pre svih ostalih naseljenika takvih predela pažnju je zasluživala vidra. Od tri ulazne kapije najbliža je bila kod Lihtenštajnovog mosta. Najmanje korišćena, valja reći i da je vodila u najmanje posećivano područje Vrta. Aleja kojom su posetioci stizali dotle nalikovala je svojim belim kuglama na kandelabrima nekom napuštenom šetalištu u Ajlzenu ili Bad Pirmontu, i znatno ranije nego što će ta mesta biti tako pusta da će izgledati drevnija od termi, ovaj mali ćošak Zoološkog vrta nosio je tragove predstojećeg. Bio je to proročki ćošak. Jer, poput biljaka o kojima se priča da poseduju moć prikazivanja budućnosti, postoje mesta sa sličnim darom. To su, većinom, pusta mesta, s puzavicom koja prepokriva zidove, sa ćorsokacima ili malim baštama u kojima nikada niko ne boravi. Na takvim mestima izgleda da se sve ono što nam zapravo predstoji već dogodilo. Bilo je mi, dakle, u takvom delu Zoološkog vrta, kad bih u njemu zalutao, dato da bacim pogled preko ruba bazenskog zidića koji se ovde uzdizao kao usred nekog banjskog parka. Bio je to kavez vidrin. Zaista kavez, budući da su jake šipke ograđivale bazen u kome je zverka boravila. Građevinica u vidu hridi i špilje dizala se na drugom kraju ovalnog bazena. Bila je zamišljena kao stan za zverku; ipak, nikada je nisam tamo opazio. I često sam tako ostajao, beskrajno čekajući, pred tim crnim i nedosežnim bezdanom, nadajući se da ću otkriti vidru. Nije sasvim izvesno da sam najposle bio nagrađen, pošto je blistava stanovnica tek za munjeviti časak izišla na videlo iz cisterne i opet nestala u vlažnoj noći. Sigurno, nije to bila nikakva prava cisterna u kojoj je vidra držana. Kada sam, ipak, usredsređeno motrio njenu vodu, imao sam utisak da kiša lije u sve levkove grada samo da bi se stekla u ovom bazenu i hranila njegovu zverku. Bila je to, naime, neka razmažena životinja, tu naseljena, i kojoj je vlažna i prazna špilja služila više kao hram nego kao pribežište. Bila je to sveta životinja kišnice. No, nikada nisam mogao reći da li je ona rođena u tim otpadnim vodama i kišnici ili se samo hranila iz njenih bujica i struja. Bila je uvek zaposlena da zaposlenija ne može biti, kao da je njeno prisustvo u bezdanu neophodno. Ja sam, međutim, rado duge dane mogao da oslanjam čelo na njenu mrežu a da je ni ne vidim. I to dokazuje njeno blisko srodstvo s kišom. Jer, nikada mi dragi i dugi dan nije bio draži i duži nego kada je kiša sporo, svojim finim ili grubim zubima, raščešljavala sate i minute. Pokorno poput devojčice, saginjao je on glavu pod tim sivim češljem. A ja sam ga nezajažljivo gledao. Čekao sam. Ne da bi ona prestala, nego da njen šum poraste. Slušao sam je kako lupka po prozorima, valja kapljice i grgolji, silazeći, u olucima. U dobroj kiši sam bio posve skriven. A ona mi je šaputala moju budućnost kao što se peva uspavanka kod kolevke. Kako sam dobro shvatao ono što se nedri u njenom okrilju! Tokom tih sati provedenih iza mutnih prozora, osećao sam se s vidrom kod kuće. No, zapravo, to sam uvek opažao prvi put kada bih sledećeg puta stajao pred kavezom. Tada sam morao opet da čekam dugo da crno, blistavo telo izbije na površinu i odmah zaroni put svojih hitnih poslova.

## *BLUMESHOF 12*

Nijedno se zvonce nije oglašavalo prijateljskije. Prešavši prag ovog stana, bio sam u sigurnosti većma još nego u roditeljskom. Uostalom, nije se zvao *Blumes-Hof* nego *Blume-zoof*, a to je bio ogromni plišani cvet koji mi je, iz svog kudravog omotača, skakao u lice. U njegovom središtu sedela je baka; majka moje majke.[*] Bila je

---
[*] Hedwig Schoenflies, rođena Hirschfeld (1844–1908).

udovica. Kada biste posećivali staru damu u njenoj balkonskoj sobi, pokrivenoj ćilimom i s malom ukrasnom balustradom, teško da ste mogli i zamisliti kakva je sve morska krstarenja preduzimala ili čak kakve izlete u pustinju u aranžmanu „Štangen putovanja"* kojima se priključivala svakih par godina. Madona di Kampiljo i Brindizi, Vesterland i Atina, i gde sve ne, odakle je, kad bi putovala, slala razglednice: na svima je vladala atmosfera Blumeshofa. A krupni, udobni rukopis koji se razigravao udno slika ili u vidu oblaka lebdeo na njihovom nebu, prikazivao je ta mesta u potpunosti zaposednuta mojom bakom, kao da su bila tek kolonije Blumeshofa. Kada bi opet došla na red njihova maternja zemlja, hodio bih njenim parketom s toliko straha kao da je on plesao sa svojom gospodaricom na talasima Bospora i kretao se po persijanerima kao da je na njima još prašina popala u Samarkandu.

Kojim rečima opisati besmrtno osećanje građanske sigurnosti koja je zračila iz ovog stana? Nameštaj iz njegovih mnogih soba ne bi danas činio čast nijednom staretinaru. Čak i ako su, naime, proizvodi iz sedamdesetih godina bili znatno solidniji od potonjih produkata jugendstila** – isticali su se otaljavanjem kojom su stvari prepuštali toku vremena i oslanjali jedino, za svoju budućnost, na kvalitet materijala a nikada na racionalni proračun. Beda u tim sobama nije mogla imati mesta, pošto je tu ni sama smrt nije imala. U njima nije bilo mesta za umiranje; njihovi stanari su stoga umirali u sanatorijumima, dok je nameštaj, u prvom nasleđivanju, odlazio kod trgovaca. Za njega smrt nije bila predviđena. Zato je on izgledao tako blagotvoran danju, a noću je postajao pozornica košmara. Tesni kavez stepeništa kojim sam stupao pokazivao se kao sedište nekog zlog vilovnjaka koji je najpre sve moje udove činio teškim i klonulim da bi me, konačno, dok bi me samo još neko-

---

\* *Stangens Reisen* – u to doba čuvena putnička agencija koju su vodili Karl i Luis Štangen.

\*\* *Jugendstil* – stilska formacija, osobito u slikarstvu i nameštaju, dominirala oko 1900. godine.

liko koraka odvajalo od spasonosnog praga, potpuno paralizovao. Snovi te vrste bili su cena koju sam plaćao za svoje osećanje sigurnosti. Baka nije umrla u Blumeshofu. Preko puta nje dugo vremena je stanovala majka moga oca, koja je već bila stara.* I ona je umrla drugde. Tako je ta ulica za mene postala Jelisejska polja, carstvo senki besmrtnih a ipak iščezlih baka. A budući da fantazija, kada jednom baci svoj veo preko nekog predela, rado ostavlja neshvatljiva raspoloženja i da rubovi vela zgužvani vise, ona je od jedne prodavnice kolonijalne robe, u susedstvu, načinila spomenik dedi, koji je bio trgovac, samo zato što se njen vlasnik zvao Georg. Poprsje ranopreminulog dede** bilo je okačeno, u živoj veličini, kao pandan poprsju njegove žene, u predsoblju koje je vodilo u najzabačenije delove stana. Različite prilike ih oživljavaju. Poseta udate ćerke otvorila je devojačku sobu koja je već dugo bila nekorišćena; druga soba, pozadi, prihvatila me je dok su odrasli popodne počivali; iz treće sobe se danima, kad je neka krojačica dolazila u kuću, čulo zvrjanje šivaće mašine. Najvažnija od tih zabačenih prostorija bila je za mene lođa, možda zato što su je, nameštenu skromnije, stariji manje cenili, možda opet zato što je do nje dopirao prigušeni šum ulice, možda i zato što mi je omogućavala da vidim tuđa dvorišta s kućepaziteljima, decom i verglašima. Bili su to, uostalom, više glasovi nego obrisi koji su se naslućivali iz lođe. Bila je to, takođe, otmena četvrt, pa i aktivnost u njenim dvorištima nikada nije bila preterana; nešto od bezbrižnosti bogatih, koji su rad na tom mestu osuđivali, samu sebe je na njega prenosila, i sve je izgledalo pripravno da olako padne u duboki nedeljni mir. Zato je nedelja bila dan lođe. Nedelja koju ostale prostorije, koje su bile kao oronulog zdravlja, nikako nisu mogle da zadrže, jer je ona curila kroz njih – jedino ju je zadržavala lođa koja je gledala na dvorište s njegovim šipkama za trešenje tepiha i na druge lođe, i nikakvo klaćenje tučka u zvonu, kojim su je ispunjavale crkve, Dva-

---

* Brunella Benjamin, rođena Mayer (1827–1919).
** Deda po majci: Georg Schoenflies (1841–1894).

naest apostola i Mateje, nije prolazilo mimo nje, nego su sve one, do večeri, ostajale tamo naslagane. Sobe ovoga stana nisu bile samo mnogobrojne, nego i, delimično, veoma prostrane. Da bih baki – u njenoj balkonskoj odaji gde sam, odmah, pred sobom, kraj njene korpice s ručnim radom, nalazio voćke ili čokolade – rekao dobar dan, morao sam da prođem kroz ogromnu trpezariju da bih zatim prešao erker-balkon.

Ali, tek mi je prvi božićni praznik pokazao za šta su zapravo stvorene te prostorije. Svakako, početak velike svečanosti je svake godine bio praćen posebnom teškoćom. Veliki su stolovi, naime, koji su služili za iznošenje darova, bili prenakrcani poklonima. Nije mišljeno samo na porodicu u svim njenim ograncima; posluga je takođe imala svoja mesta pod drvetom, kako sadašnja tako i stara, koja je već bila u penziji. Tako blizu, stisnuti, s mesta do mesta, nikada niste sigurni neće li doći do nepredviđenog gubitka teritorije, naročito ako bi poslepodne, nakon završenog velikog ručka, još nekom starom „sve i sva" ili kućepaziteljevom detetu trebalo da bude postavljeno. Ali, nije u tome ležala teškoća. Bila je početku, kada su se otvarala dvokrilna vrata. Udno velike sobe svetlucalo je drvo. Na dugim stolovima nije bilo mesta koje nas nije mamilo, u najmanju ruku šarolikim tanjirom s marcipanom i njegovom jelovom grančicom; uz to, namigivale su nam mnoge igračke i knjige. najbolje je bilo ne predavati se tome suviše. Mogao sam sebi da pokvarim taj dan ako bih se ponadao odveć brzo poklonima koji će zatim postati legitimno vlasništvo drugoga. Da bih to izbegao, ostajao sam nepomičan na pragu, kao ukorenjen, sa osmehom na usnama za koji niko nije mogao reći da li je bio izazvan veličanstvenošću drveta ili, pak, poklonima koji su mi bili namenjeni, a kojima se nisam usuđivao, savladan, da priđem. Ali, najposle, postojala je i treća stvar koja me je određivala, dublje od varljivih razloga; štaviše, razlog koji sam smatrao za pravi. Jer, tamo su bili pokloni koji bar još za trenutak pripadali više darodavcu nego meni. Bili su lomni; velik je bio moj strah od toga da ih, pred očima svih, nespretno ščepam. Tek napolju, na izlaznom pragu, kad bi nam ga devojka zamotala u pakpapir i njegov oblik nestao u zavežljajima i kartonskim kutijama da bi nam bio prepuštena, umesto njega, jedino njegova težina kao jamstvo njegovoj postojanja, bivali smo sasvim sigurni u naše novo vlasništvo. To se odigravalo tek posle mnogih sati. Kad smo izlazili u sumrak, sa umotanim i vezanim stvarima pod miškom, dok nas je fijaker čekao pred kućnom kapijom, dok je netaknuti sneg pokrivao izbočine i kovane ograde i, već prljav, pločnik, dok je od Licovljevog keja dopirao šum sanki koje su zvonile i dok su se, jedna za drugom, palile gasne svetiljke, otkrivajući putanju palioca lanterni koji je morao, čak i pri ovoj slatkoj prazničnoj večeri, na ramenu nosi svoj palilački štap – tada, u tom času, grad je bio stropoštan u sebe samog poput vreće teške od mene i moje sreće.

## KUMARELENA

U nekoj staroj dečjoj pesmi pojavljuje se kuma Relena. Pošto mi tada „kuma" ništa nije kazivalo, taj se stvor za mene pretvorio u duha: kumarelena. Nesporazumi su izobličavali moj svet. Ipak, na dobar način: ukazivali su mi na puteve koji vode u njihovo središte. Svaka im je prilika bila dobrodošla.

Slučaj je hteo da se jednom u mome prisustvu govorilo o bakrorezima [*Kupferstichen*]. Sutradan sam pod stolicom naglo promolio glavu: bilo je to satno kuku-kuku [*Kopfverstich*]. Kada sam tako izobličavao sebe i reč, činio samo jedino ono što sam i morao činiti da bih stupio nogom u život. Blagovremeno sam naučio da se prerušavam u reči koje su zapravo bile oblaci. Dar da se prepoznaju sličnosti i nije ništa drugo, u stvari, nego oslabljeni preostatak stare prinude da sami postanemo slični drugima i tako se obdržavamo.* Ta prinuda, pak,

\* Tu će pomisao, zajedno s još nekim, Benjamin razvijati drugde, u kratkom ali dragocenom ogledu o mimetičkoj sposobnosti i moći, *Über das mimetische Vermögen*, gde se zasniva osobena mimetička teorija jezika.

bile su reči koje su delovale na mene. Ne one koje su me činile sličnim moralnim mustrama, već stanovima, nameštaju, odeći.

Jedino nikada sličnim sopstvenoj slici. I stoga sam bivao tako izgubljen kada se od mene iziskivala sličnost sa sobom. To se dešavalo kod fotografa. Svugde gde bih pogledao, video sam se okružen paravanima, jastucima, postoljima, koje su tražile moju sliku kao što su senke iz Hada žudele za krvlju žrtvovane životinje. Konačno sam bio žrtvovan jednom grubo oslikanom prospektu Alpa, a moja desna ruka, koja je morala da podigne šeširić od kamilje dlake, bacala je svoju senku na oblake i glečere rasprostrtog platna. Ipak, grčeviti osmeh oko usana malog Alpinca nije bio tako žalostan kao pogled koji me je probadao s dečjeg lica, iz senki sobne palme. Ona je poticala iz jednog od onih fotografskih ateljea koji su, sa svojim klupicama i stativima, goblenima i štafelajima, imali ponešto od budoara i mučiteljske odaje. Stojim tu, gologlav; u mojoj levoj ruci je ogromni sombrero kojeg, s promišljenom graciozbošću, puštam da visi. Desnica je zauzeta štapom čije se oblučje vidi u prednjem planu, dok je njegov vršak skriven u pramenu nojevog perja nameštenog na obližnjem vrtnom stolu. Sasvim postrani, pored vratnica, stajala je majka, ukočena u svom tesnom korsetu. Ona promatra, kao neki krojački nacrt, moje odelce od velura koje, nadeveno našivcima, izgleda kao da potiče iz nekog modnog lista. A ja, ja sam se, naprotiv, izobličio da bih bio sličan svemu što me tu okružuje.* Kao što neki ljuskar domuje u školjki, domo-

---

* Autor je ovde superponirao dve fotografije. Na prvoj je, s bratom, slikan u ateljeu, u alpskom dekoru. Imao je tada nekih sedam godina. Ali, drugi fotos o kome govori u prvom licu, zapravo i nije njegov! Na njoj je petogodišnji dečačić sa sombrerom u ruci itd. Preuzimajući kao svoju tu sliku, Benjamin se poistovećuje s tim još nepoznatim dečkom u čijem je pogledu doista neka beskrajna rastuženost. Tek kasnije, u Benjaminovoj *Maloj povesti fotografije* (1931), shvatićemo da taj fotos prikazuje malog Franca Kafku! Benjamin se „izobličava", „prerušava" (*entstellen, verstellen*), da bi bio sličan svemu što ga okružuje, ali istovremeno to što ga okružuje – on želi da

vao sam u devetnaestom stoleću koji sada leži preda mnom kao prazna školjka. Držim je na uhu.
Šta čujem? Ne čujem buku od poljskih topova ili od Ofenbahove balske muzike, niti urlikanje fabričkih sirena ili krike koji u podne odjekuju s Berze, pa ni konjski topot na pločniku ili muzičke marševe s vojnih parada. Ne, ono što čujem je kratki prasak antracita koji iz limene lopate pada u gvozdenu peć, prigušeni prasak s kojim se pali plinski plamenik, i sitni zveket kugle s lampe na mesinganom prstenu kada ulicom promine neko vozilo. I druge šumove, kao zveckanje ključa u bravi, zvuk oba zvonceta, na prednjem i zadnjem stepeništu; najzad, tu je i dečja pesmica. „Pričaću ti o kumareleni."
Pesmica je izobličena; ipak, ceo izobličeni svet detinjstva u njemu nalazi svoje mesto. Kuma Relena, koja je nekad u njoj boravila, davno je već bila nestala kada sam njeno recitovanje po prvi put čuo. No, kumareleni je bilo još teže otkriti trag. Ponekad sam je naslućivao u majmunu koji se kupao, na dnu tanjira, u isparenju od ječmene krupice ili tapioke. Jeo sam supu da bi se njegova slika razbistrila. Možda je svoja bila u jezeru s vilama**, a njegove lenjive vode su je pokrivale kao siva pelerina. Ne znam šta se pričalo o njoj, ili šta je ona meni, pak, htela da ispriča. Bila je nemi, lepršavi, pahuljasti element koji se, nalik snežnom kovitlacu u malim staklenim kuglama, formira u vidu oblaka u jezgru stvari. Ponekad sam i s m bio zahvaćen u tom kovitlacu. To se dešavalo kada bih seo da pravim akvarele. Bio bih tada obojen bojama koje sam mešao. Još pre nego što bih ih stavio na crtež, same bi me prerušile. Kada bi se, još mo-

---

izabere. Njegova mimetička sposobnost je selektivna. Njen bi cilj mogao biti „obmanjivati... bez obmane", o čemu je u svome *Dnevniku* govorio i sam Kafka. To je i moć lažnog u umetnosti gde se obmana priznaje kao obmana. Tako sam razumevao i Benjamina i Kafku dok sam zamišljao svoju poetiku krivotvorenja, obmanjujući, i ja, verujem, bez obmane...

\* *Mummelsee* – to se jezero pojavljuje u jednoj priči iz *Nemačkih predanja* braće Grim, a u tom jezercetu obitava jedan patuljak!

kre, smešale na paleti, uzimao bih ih na četkicu tako pažljivo kao da su rastočeno oblačje.

No, pre svega sam najradije reprodukovao kineski porcelan. Šarolika kora pokrivala je te vaze, čanke, tanjire, kutije, koji su svakako bili samo jeftini izvozni artikli. Ipak, oni su me obuzimali čvrsto kao da sam tada već poznavao povest koja će me, posle mnogih godina, još jednom dovesti do dela kumarelene. Ta povest potiče iz Kine i priča o starom slikaru koji je pokazao prijateljima svoju najnoviju sliku. Na njoj je bio prikazan park i puteljak koji je vodio duž reke, te prolazeći kroz šumarak završavao pred kapijom iza koje je bila kućica. No, kada su se prijatelji osvrnuli za slikarem, ovoga nije bilo tu: bio je na slici. Tamo je hodio uskom stazom put kapije, stao je pred njom tiho, okrenuo se, osmehnuo i nestao iza njenog krila.\* Tako je bilo i sa mnom, s mojim čancima i četkicama: odjednom bih se našao u slici. Nalikovao sam porcelanu u koji sam ulazio sa oblakom boja.

## BOJE

U našem je vrtu postojao napušteni i trošni paviljon. Voleo sam ga zbog njegovih šarenih prozora. Kada sam unutra išao od stakla do stakla, preobražavao sam se; bivao bih obojen kao pejsaž koji se, čas iskričav i čas prašnjav, čas goreći istiha i čas bujan, rasprostirao na prozoru. Isto mi se događalo prilikom pravljenja akvarela, kada su mi stvari raskrivale svoje skute dok bih ih pretakao u neki vlažni oblak. Slično se dešavalo i s mehurima od sapunice. Putovao sam u njima kroz sobu i mešao se u igru boja na kupoli sve dok se ne bi rasprsnuli.

---

\* Istu zgodu ispričao je i Ernst Bloh, u svojoj zbirci *Tragovi* (*Spuren*). Pošto znam bar za još jednu anegdotu koju su Benjamin i Bloh delili u svojim tekstovima (onu koju je o knezu Potjemkinu, njegovoj depresiji, potpisu i dvorskom činovniku Petjuhovu pričao Puškin), mogli bismo reći i da je njihova prijateljska veza bila donekle produktivno mimetička.

Na nebu, s komadom nakita, u nekoj knjizi, gubio bih se u bojama. Deca nalaze svoj plen na svim putevima. Nekada ste mogli da kupite čokoladu u divnim, unakrst vezanim paketićima, u kojima je svaka tablica bila posebno zapakovana u obojeni staniol. Malo zdanje, koje je održavala hrapava zlatna nit, presijavalo se zeleno i zlatno, plavo i oranž, crveno i srebrno; nigde se nisu dodirivala isto umotana komada. Jednoga dana boje su me spopale iz te blistave zakrčenosti, i ja još pogađam slast kojoj se moje oko tada predavalo. Bila je to slast čokolade s kojom su one htele da me napadnu, više u srcu nego na jeziku. Jer, pre nego što bih podlegao zavodljivostima poslastice, više čulo zamahom krila u meni nadilazilo je niže i vaznosilo me.

## DRUŠTVO

Moja je majka imala nakit ovalnog oblika. Bio je tako velik da se nije mogao nositi na grudima. i tako, svaki put kad bi ga stavljala, pojavljivao se on na pojasu. Nosila ga je kada je izlazila u društvo; kod kuće samo onda kada bismo imali goste na večeri. U njegovom središtu presijavao se veliki, blistavi, žuti kamen, a okolo – izvestan broj kamenčića srednje veličine, u mnogim bojama, zelenoj, modroj, žutoj, ružičastoj, purpurnoj. Kad god bih taj nakit pogledao, padao sam u zanos. Jer, u hiljadu vatrica, koje su vrcale s njegovih rubova, počivala je, razgovetno, plesna muzika. Važan je bio trenutak kada bi ga majka vadila iz škatule, gde je inače ležao, i njegova dvostruka moć dolazila do izraza. Cela ta večernja sedeljka odigravala se, po meni, zapravo na pojasu moje majke; ali dragulj je za mene bio i talisman koji ju je štitio od svega što bi moglo da joj spolja zapreti. I ja sam pod njegovom zaštitom došao na svet.

No, on nije mogao da spreči da ja, i tokom onih retkih večeri kada se dao videti, moram da idem u krevet. To me je dvostruko pogađalo ako je sedeljka bila kod nas. Ipak, dospevala je ona preko praga moje sobe i ja

sam ostajao u stalnoj vezi s njom, počev od trena kada bi se čuo prvi zvuk zvonceta. Za časak zvonjenje je gotovo uznemirujuće ispunjavalo hodnik. Ne manje strašno zato što je kraće, preciznije, nego ostalih dana. Nisam se varao da se u njemu oglašavao zahtev koje je sezao dalje nego što je ono inače iziskivalo. A tome je odgovarao i način kojim su otvarana vrata, ovog puta trenutno i bešumno. Potom je nastupalo vreme u kojem je društvo, jedva da je i počelo da se formira, izgleda već naglo da se razilazi. Ono se zapravo samo povlačilo u udaljenije sobe da bi tamo nestajalo u previranju mnogih koraka po tlu i razgovorâ, poput nekog čudovišta koga valovi upravo slamaju i koje će ubrzo potražiti pribežište u obalskom mulju. [A kako je bezdan koji ga lomio bio moga uzrasta, ja sam ga, tih večeri, po prvi put upoznavao. Nije me nadahnjivalo poverenjem.] Naslućivao sam da ono što je tada ispunjavalo sobu bilo neuhvatljivo, sklisko i uvek spremno da zadavi ono sa čim se sada igralo. [;slepo prema svome dobu i njegovoj situaciji, slepo za traženje svakodnevnog hleba, slepo za akciju.]\*
Sjajan poput ogledala, plastron što ga je moj otac nosio tih večeri izgledao mi je kao pancir košulja, a u pogledu kojim je prelazio po do maločas praznim stolicama, otkrivao sam odblesak oružja.

U međuvremenu do mene je dopiralo mrmljanje; nevidljivo je bivalo sve jače i stremilo tome da se svim svojim udovima sa sobom razgovara. Pažljivo je osluškivalo sopstveni prigušeni mrmor, kao što se osluškuje šum iz školjke, i savetovalo se sa sobom kao lišće na vetru, pucketalo kao cepanice u kaminu, a zatim bešumno zaranjalo u sebe. Sada je bio došao trenutak da požalim što sam, nekoliko časova ranije, prokrčio svoj put prema nepredvidivom. Započeo sam povlačenje ručke koja je

---

\* Mesta ovde obeležena zagradama [ ] nalaze se u izdanju *Berliner Kindheit* koje je priredio Teodor V. Adorno (1950, str. 79), ali ne i u poslednjoj verziji Benjaminovog spisa, nedavno otkrivenoj u Francuskoj. Vid. Walter Benjamin, *Berliner Kindheit um Neunzehnhundert*, in *Gesammelte Schriften*, t. VII, 1, Frankfurt/M, Suhrkamp, 1989.

razmicala trpezarijski sto, otkrivajući ploču između dve pole stola i koja se umetala između njih, tako da su svi gosti mogli da se smeste za tim stolom. Potom sam imao prava da pomognem oko zastiranja stola čaršavom. Kroz moje ruke je prolazio stoni pribor koji me je počastvovao, viljuške za jastoge, noževi za ostrige, ali i obični, svakodnevni pribor poprimao je svečani izgled. Zelene čaše s jednom nogicom, fino šlifovani vinski peharčići za porto, i filigrane peharaske čaše za šampanjac; posudice u obliku srebrnih bačvica za so; zapušači za flaše u vidu teških, metalnih gnoma i životinja. Imao sam, na kraju, pravo da na jednu od mnogih čaša svakog pribora postavim karticu koja je gostu pokazivala mesto koje ga je čekalo. Tom karticom sam krunisao delo; i kada bih, najposle, zadivljen načinio krug oko celog stola, pred kojim su samo još stolice nedostajale – tada sam tek duboko u sebi bio prožet malim znakom mira koji su mi domahivali svi tanjiri. Reč je bilo o različcima koji su se, kao mali motiv, nalazili na čisto belom porcelanskom servisu: znak mira čiju je slast mogao da izmeri jedino pogled sviknut na znak rata koji je svih ostalih dana bio preda mnom.

Pomišljam na plavu lukovičastu mustru. Koliko li sam puta tokom megdana, vođenih za ovim stolom koji je sada s takvim sjajem bio pred mnom, tražio njenu podršku! Bezbroj puta sam pratio očima njegove grančice i vlakna, cvetove i uvojke, s takvom predanošću kao pred najlepšom slikom. Nikada neko prijateljstvo nije traženo s manje suzdržanosti nego što sam ga ja tražio od lukovičastog plavog motiva. Toliko sam želeo da u njemu imam saveznika u nejednakoj borbi koja mi je često zagorčavala ručak. Ali, to se nikad nije desilo. Ta mustra je, naime, bila potkupljiva poput nekog generala iz Kine, koja je, uostalom, smatrana njenom kolevkom. Počasti koje mu je ukazivala moja majka, parade na koje je ona pozivala svoje ljudstvo, tužbalice koje su odzvanjale iz kuhinje za svakim postradalim članom iz trupe, bezizgledno su u prah mrvile moje pokušaje regrutovanja. Jer, hladan i ulizica, lukovičasti motiv nije odstupao pred mojim pogledima i ni najmanjeg listića nije hteo da se odrekne da bi me pokrio.

Svečani izgled postavljenog stola oslobađao me je fatalnog nauma, i već jedino to je bilo dovoljno da me zanese. Ali, što se veče većma primicalo, utoliko se više koprenom obvijalo blaženstvo, prosvetljenost, što mi je u podne bio obećao. I ako bi tada moja majka, uprkos tome što je ostajala kod kuće, ulazila na trenutak da mi poželi laku noć, dvostruko sam osećao kakav mi je poklon ona inače u to vreme stavljala na pokrivač: poznavanje časova koje je dan za nju još imao i koje sam ja odnosio, utešen, sa sobom u san, kao nekada što sam činio s lutkom. Ti su mi časovi krišom, a da ni ona za to nije znala, padali u nabore pokrivača kojega mi je ona poravnavala, i upravo ti časovi koji su me, čak i u večerima kada je ona izlazila, tešili dok su me dodirivali u obličju crne čipke njene marame već na njenoj glavi. Voleo sam tu bliskost i miris kojim me je ta bliskost napajala; vreme koje sam zadobio u senci njene marame i u blizini žutog kamena, usrećivalo me je više nego praskave bonbone koje mi je ona, ljubeći me, obećavala za sutradan ujutro. Kada bi je zatim, spolja, zvao moj otac, mene je još, pri njenom odlasku, ispunjavao samo ponos što joj, tako blistavoj, dozvoljavam da iziđe u društvo na večeru. I ne poznajući je, u svome krevetu, tačno pre nego što će mi se oči sklopiti, naslućivao sam istinu male zagonetke: „Što docnije na veče, gosti lepši."

## KUTIJA SA SLOVIMA

Nikada više zaboravljeno ne možemo posve povratiti. A to je možda i dobro. Šok ponovnog nalaženja bio bi tako razoran da bismo istoga trena morali da prekinemo s razumevanjem naše čežnje. Ali, mi je utoliko bolje razumemo što ono zaboravljeno dublje u nama leži. Kao zagubljena reč, još časak na našim usnama, koja će poneti naš jezik u demostenovski uzlet, tako nam se zaboravljeno čini teškim od celog proživljenog života kojega nam ono obećava. Mogućno je da, ako se zaboravljeno čini tako teškim i bremenim, to nije ništa drugo nego trag iščezlih navika u kojima ne možemo više sebe da pronađemo. Mogućno je da je njegova smeša s prašinom našeg ruiniranog ognjišta tajna koja objašnjava njegovo trajanje. Šta god bilo, za svakoga postoje stvari koje razvijaju navike trajnije od svih ostalih. Po njima se obrazuju sposobnosti koje će odrediti njegovu egzistenciju. A budući da su, što se mene tiče, tu ulogu igrali čitanje i pisanje, ništa od svega što me je zaticalo u mojim ranim godinama ne budi toliku čežnju koliku kutija sa slovima. Ona je sadržavala, na malim tablicama, pojedinačno, razna rukopisna slova, mladalačkija i, čak, devičanskija od štampanih. Pružala su se, vitka, u njihovoj kosini, svako pojedino završeno, i u svom nizu povezana pravilom svoga reda, reči, kojoj su pripadale kao sestre monahinje. Čudio sam se kako toliko nezahtevnosti, udružene s toliko divote, može postojati. Bilo je to stanje milosti. A moja desna ruka koja se umešno upinjala da ga reprodukuje, nije ga nalazila. Morala je da ostane napolju kao vratar kome je u zadatak stavljeno samo da uvodi izabranike. Tako je njeno saobraćanje sa slovima bilo puno odricanja. Čežnja koju kutija budi u meni dokazuje do koje je mere ona bila jedno s mojim detinjstvom. Ono što, zapravo, u njoj tražim, jeste ona s ma: celo detinjstvo, takvo kakvo se nalazilo skupljeno u kretnji ruke koja je slova umetala u kalup u kome su ona postupno trebalo da se slože u reči. Ruka može tu kretnju još da sanja, ali nikada više da probudi da bi stvarno bila izvedena. Tako mogu da sanjam o tome kako sam naučio da hodam. To mi, ipak, ništa ne pomaže. Sada mogu da idem; a da učim da hodam – nikada više.

## VRTEŠKA

Prična s poslušnim životinjama vrtela se uz samo tlo. Bila je to najbolja visina za snove o letenju. Muzika je započinjala, a trzaj je odnosio majci dete koje se vrtelo. Najpre se bojalo da napusti majku. Ali, onda je opazilo da je ono s mo bilo verno. Stolovalo je kao verni vladar nad svetom koji mu je pripadao. U tangenti, drveće i žitelji obrazovali su špalir. Onda, na nekom Orijentu, ponovo iskrsnu majka. Potom iz prašume izbi vršak; takav kakav je dete viđalo već pre hiljadâ godina, a po prvi put tek na vrtešci. Njegova životinja bila mu je sklona: kao nemi Arion jahao je na svojoj nemoj ribi, neki Zevs-bik odnosio ga je poput prečiste Europe. Odavno je večno vraćanje svih stvari postalo dečja mudrost, a život – prastaro pijanstvo vladanja sa zvučnim orkestrionom u sredini. Kad on svira sporije, prostor počinje da romori, a drveće ponovo da poprima svoj duh. Vrteška postaje nesigurni teren. A majka je bila tu, pred njim, kao mnogostruko okovani stub oko koga je dete, prizemljujući se, bacilo palamar svojih pogleda.

## MAJMUNSKO POZORIŠTE

Majmunsko pozorište – ta reč ima za odrasle nečega grotesknog.* Kada sam je prvi put čuo, ona je toga bila lišena. Bio sam još mali. Da su majmuni na pozornici morali biti neobičan prizor spadalo je u okvir onog najneobičnijeg: pozornica sama. Reč pozorište probijala mi je srce kao zvuk trube. Mašta je uzletala. Ipak, trag koga je ona sledila nije bio trag koji je vodio iza kulisa i kuda će se dete kasnije uputiti, nego trag srećnih i spretnih koji su uspeli da od svojih roditelja iskamče dopuštenje da poslepodne smeju ići u pozorište. U njega je vodio put kroz otvor u vremenu, probijenu nišu u danu, koja je bila poslepodne kad su se već palile lampe i dospevao čas odlaska u krevet. Nije to bilo da biste videli Vilhelma Tela ili Uspavanu lepoticu; bar ne samo radi toga. Nešto drugo je bilo važnije: sedeti u pozorištu među ostalima koji su takođe tamo. Nisam znao šta me je

---

* *Affentheater* – u nemačkom svakodnevnom jeziku doista označava nešto smešno i preterano. Majmunisanje? No, ovde je, kao što će se videti, treba uzeti u doslovnom prevodu.

čekalo, ali svakako gledati kao posmatrač činilo mi se tek delićem, čak predigrom, po značenju znatno bogatije akcije u kojoj je trebalo da se tamo nađem sa ostalima. Kakva god bila njena priroda, nisam je poznavao. Sigurno je da se ona odnosila na majmune koliko i na najpotvrđeniju pozorišnu trupu. Pa i rastojanje između majmuna i čoveka nije bilo veće od rastojanja između čoveka i pozorišnog aktera.

## GROZNICA

Neprestano se iznova morala izvlačiti pouka iz početka svake bolesti: s kojim se pouzdanim taktom, s kakvom okretnošću i obzirnošću, zla sudba smeštala u meni! Daleko od nje joj je bilo da privlači pažnju. Počinjala je s nekoliko pega na koži, sa željom da povraćam. Sve je bilo kao da se bolest posve lepo namestila, spremna da bude strpljiva dok joj lekar ne bude pripremio njeno sklonište. Potonji je dolazio, pregledao me i tražio da daljnji razvoj sačekam u postelji. Zabranjivao mi je čitanje. Uostalom, imao sam da radim važnije stvari. Jer, tada sam započinjao da dočaravam ono što je moralo da se dogodi dok je još bilo vremena i dok mi glava nije bila smućena. Odmeravao sam rastojanje između kreveta i vrata i pitao se za koliko bi još moje pozivanje moglo da ga premosti. U duhu sam video kašiku čija ivica je bila takoreći načičkana molitvama moje majke i koja je, najpre primaknuta s najvećim obzirom, namah otkrivala svoju pravu suštinu kada bi mi majka odlučno u grlo usula gorku medicinu. Poput pijanog čoveka koji ponekad računa i misli samo da bi video da li je za to još kadar, tako sam i ja brojao male svetle koturove koji su igrali na tavanici i uređivao kvadrate na tapetama u neprekidno nove svežnjeve.

Često sam bio bolestan. Otuda potiče, možda, ono što drugi nazivaju mojim strpljenjem, ali što, u stvari, ne nalikuje nikakvoj vrlini: sklonost da sve što me se tiče izdaleka vidim kako mi se primiče kao što je to bilo sa satima u mom bolesničkom krevetu. Tako sam lišavan najveće radosti nekog putovanja kada nisam mogao dugo da čekam voz na stanici, a odatle dolazi i moja strast da delim poklone; jer, ono što drugoga iznenađuje, ja to predviđam, kao darodavac, znatno unapred. Da, potreba da vidim da dolazi onaj koji dolazi, podržana vremenom čekanja kao što je neki bolesnik oslonjen o jastuke poturenim pod njegova pleća, učinila je da mi, kasnije, žene izgledaju utoliko lepše što sam morao, poverljiv, da ih duže čekam. Moj krevet, koji je inače bio mesto najpovučenije i najtiše egzistencije, dospevao je tada do javnog ranga i uvažavanja. Tokom podužeg vremena, on više neće služiti uveče kao teren za tajne poduhvate, kao što su posao s knjižurdama ili moja igra sa svećama. Pod jastukom više nije bilo knjige koju bih, obično, svake noći, posle časova zabranjenog čitanja, poslednjim ostatkom svojih snaga tamo gurnuo. A tokom tih nedelja iščezli su i potoci lave i mala ognjišta koji su ukazivali na topljenje stearina. Da, bolest mi je možda otimala, u osnovi, samo tu ćutljivu, dahćuću igru koja je uvek, za mene, bila praćena nekim tajnim strahom – najavljivača onog poznijeg, koji je pratio jednaku igru na istoj ivici noći. Bolest je morala doći da bi mi povratila čistu savest. Ali, to je bilo tako sveže kao ma koje mesto zategnutog posteljnog čaršava koji me je, kada bi krevet bio razmešten, čekao uveče.

U većini slučajeva, majka mi je razmeštala krevet. S divana sam je sledio očima dok bi ona udešavala jastuke i jastučnice, i pri tome mislio na večeri kada su me kupali i onda mi donosili u krevet večernju užinu na porcelanskoj tacni. Među šibljem divljih malina, kroz glazuru, pomaljala se žena koja se upinjala da na vetru razvije traku sa izrekom: „Svet prođi, kući dođi." A spomen na večernju užinu i malinjak bio je utoliko prijatniji što je telo verovalo da je zauvek iznad potrebe da išta jede. Zato je žudelo za povestima. Moćna struja koja ih je ispunjavala, prožimala je samo telo i sa sobom dobročiniteljski odnosila sve bolesno. Bol je bila brana koja se pričanju odupirala jedino spočetka; kasnije, kako je ovo jačalo, ona je sahnula i oburvavala se u bezdan zaborava. Maženje je pripremalo postelju toj bujici. Voleo sam ga, jer u majčinoj ruci su već navirale povesti koje će, ubrzo, obilno poteći iz njenih usta. S njima je donekle na svetlo izlazilo ono što sam naučio od svojih predaka. Evociran mi je tok života nekog pretka, dedina životna pravila, i kao da je sve bilo s ciljem da shvatim kako bi s moje strane bilo prebrzo da ranom smrću izbacim velike adute koje sam imao u ruci zahvaljujući svom poreklu. Majka je dvaput dnevno ispitivala rastojanje koje me delilo još od te smrti. Odlazila je, zatim, s toplomerom do prozora ili lampe i mahala tom cevčicom kao da je moj život bio začepljen u njoj.

Kasnije, kada sam odrastao, prisustvo psihičkog u telu nije bilo za mene ništa teže da odgonetnem nego stanje životne niti u cevčici u kojoj je ona uvek izmicala mom pogledu. Merenje temperature me je iznurivalo. Posle toga sam više voleo da ostanem sam da bih se bavio svojim jastucima. Njihovi grebeni bili su mi, naime, nešto blisko u doba kada brežuljci i brda još nisu imali išta značajnije da mi reknu. Bio sam, u stvari, pod pokrivačem, u dosluhu sa silama zahvaljujući kojima će se oni roditi. Tako bih pokatkad preduzimao da sebi u tom pobrđu načinim pećinu. Upuzio bih unutra, navlačio pokrivač na glavu i osluškivao mračni vrtlog, isprobavajući tišinu putem reči koje su mi se vraćale iz nje u obliku povesti. Ponekad bi se u to umešali prsti, i s mi na pozornicu uvodili neku epizodu; ili bi ispleteni pravili „robnu kuću", a iza „tezge" bi se, obrazovane od srednjaka̅, dva mala prsta užurbano naginjala prema kupcu kojega sam igrao ja s m.

No, moje zadovoljstvo je neprestano slabilo, a s njim i sposobnost da nadzirem igru. Na kraju sam gotovo bez radoznalosti pratio delatnost svojih prstiju koji su poslovali kao ravnodušna i smućena svetina u predgrađu gde hara požar. Nemogućno je biti ponosan na njih. Jer, iako su se oni udružili u nevinosti – nikada niste bili sigurni da obe trupe neće, bezglasno, kao što su se i srele, jednom krenuti svaka svojim putem. A to je ponekad bio zabranjeni put na čijem kraju je slasno odmorište omogućavalo da uživate u zavodljivim prikazama rođenim u plamenoj mreži iza zatvorenih kapaka. Sva pažnja ili sva ljubav koja mi je poklanjana nije uspevala da, bez pukotina, veže sobu u kojoj je bio moj krevet za život naše kuće. Morao sam da čekam da padne veče. Onda, kada bi se vrata otvorila pred svetiljkom i kad bi luk njene kugle plešući prešao prag moje sobe i približio mi se, bilo je to kao da je zlatna kugla života, koja se tokom svakoga časa u danu vrti u ruletu, po prvi put pronašla put do moje sobe, kao do neke zabačene kolibe. A pre nego što bi veče i dobilo pravo da mi se približi, za mene je počinjao novi život; štaviše, stari život groznice procvetavao je, iz trenutka u trenutak, pod svetlom lampe.

Jedino okolnost da sam ležao dopuštala mi je da iz svetlosti izvučem prednost koja drugima nije mogla biti data tako brzo. Koristio sam svoju nepokretnost i blizinu zidu kad sam bio u krevetu da bih praveći slike od senki pozdravio svetlost. Tada su se još jednom vraćale, na tapetima, sve one igre s prstima, još neodređenije, veličajnije, hermetičnije. „Umesto da se boje večernjih senki", stajalo je u mojoj knjizi igara, „vesela deca ih čak koriste da bi se zabavljala." I to je bilo popraćeno slikovitim uputstvima kako da na zidu uz krevet projektujete bika i grenadira, labuda i zeca. Istina je da je meni retko polazilo za rukom više od čeljusti vuka. Ali, tada je on bio tako ogroman i toliko je razjapljivao čeljust da mora da je označavao vuka Fenrira, uništitelja sveta,[*] koga sam stavljao u pokret u istoj sobi u kojoj sam se lično birio s dečjom bolešću.

Onda se ona jednoga dana povukla. Nastupajuće isceljenje otpuštalo je, kao rođenje, veze koje je groznica još jednom bolno stegnula. Domaća čeljad počela su češće da zamenjuju majku u njenoj ulozi u mome opstanku. I jednog jutra ponovo sam se, posle duže pauze, i još slabašan, predao šumu prašenih tepihâ koji je dopirao odozdo, kroz prozor, i koji je dublje dirao u detetovo srce nego što je to činio glas voljene u muškarčevom.

---

[*] Vuk Fenrir je demonsko biće iz mitologije nordijskih naroda. Po mitskom predanju, on ubija boga Odina u dvoboju sa čijim ishodom se, sa „sumrakom bogova", odigrava kraj sveta, *Ragnarök*.

Šum prašenja tepihâ bio je idiom donjeg sloja, istinski odraslih; bio je to šum koji se nikada nije prekidao, ostajući pažljiv prema njegovom radu, uzimajući pokatkad njegovo vreme, i koji je, ravnodušan i prigušen, bio spreman na sve, padajući ponekad opet u neobjašnjivi galop kao da se, tamo dole, izmicalo pred kišom.

Kao što je počnjala, bolest me je neprimetno i napuštala. Ipak, kada sam bio već u tački da se posve zaboravim, tada mi je od nje dolazio poslednji pozdrav u mojoj beležnici. Tu je bio zapisan zbir propuštenih školskih časova. Oni mi nikako nisu izgledali sivi, jednolični, kao oni koje sam bio pratio, nego su se, naprotiv, slagali u niz poput šarenih vrpci na grudima invalidâ. Bio je to dugi niz odlikovanja koja su u mojom očima utelovljavala opomenu: Izostao – stosedamdeset i tri časa.

## DVE KAPELE LIMENE MUZIKE

Nikada više nijedna muzika nije posedovala tako odljuđeni, bestidni karakter kao muzika vojnog orkestra. Ona je temperirala struju ljudi koja je napredovala, počev od kafana kod Zoološkog vrta, duž Aleje ogovaranja\*. Danas shvatam šta je sačinjavalo silu te struje. Za Berlinca nije postojala viša škola ljubavi od ove, okružene peščanim terenima za gnue i zebre, ogolelim stablima i pukotinama gde su se gnezdili jastrebovi i kondori, smrdljivim kavezima za vukove i kolonijama pelikana i čaplji. Pozivi i krici tih životinja mešali su se s galamom talambasa i topovskih baterija. Bila je to atmosfera u kojoj je po prvi put detetov pogled, pokušavajući da prodre kroz gomilu, tražio jednu prolaznicu, dok je za to vreme utoliko srdačnije razgovaralo sa svojim prijateljem. I on se toliko upinjao da se ni intonacijom ni pogledom ne oda, da od prolaznice ništa nije ni video.

Znatno ranije je upoznao drugu limenu muziku. A koliko li je samo razlike između te dve! Ova je lebdela, bremenita od čula i zavodljivosti, među senicama i šato-

---

\* U Berlinu, *Lästerallee!*

rima, dok je ona, starija, bila razgolićena i praskava u ledenom zraku, kao pod nekim malim staklenim zvonom. Zavodila nas je s Rusoovog ostrva i usmeravala osmice i krivulje klizača na Novom jezeru. I ja sam bio među njima, čak i pre nego što sam i sanjao o poreklu imena ovog ostrva, a da i ne govorimo o teškoćama njegovog pravopisa.* To klizalište, po svojoj položaju, nije moglo biti upoređeni ni s jednim drugim, a još manje po svom životu tokom godišnjih doba. Šta su, naime, leti, predstavljala ostala klizališta? Teniska igrališta. Ovde, pak, pod preopterećenim granama obalskog drveća, pružalo se isto jezero kakvo me je čekalo kod moje bake, uokvireno, u sumračnoj trpezariji. Tada su ga rado slikali s njegovim lavirintskim vodenim tokovima. Mi bismo se klizali po njemu na zvuke nekog bečkog valcera ispod istih mostova s kojih bismo, leti, posmatrali kako po tamnoj vodi nonšalantno plove čamci. U blizini su krivudale mnoge staze, a bilo je i zabačenih utočišta – klupe „samo za odrasle". One su se nalazile na kružnoj aleji oko peščarnika gde su se mališani igrali peskom ili stajali, zamišljeni, dok ih neko ne bi gurnuo ili dok ih s klupe ne bi pozvala dadilja koja je, iza dečjih kolica, učevno čitala svoj petparački roman i, maltene bez dizanja pogleda, vodila o detetu računa.

Dovoljno o tim obalama. Ipak, jezero živi još za mene u taktu nogu, otežalih klizaljkama, koje su, posle dugog štrapaca po ledu, osećale ponovo lakoću i, posrćući, prodirale bučno u neko sklonište gde se žarila gvozdena peć. Blizu klupe bi se još jednom odmeravao teret na nogama i onda odlučivalo da bude skinut. Kad bi stegno bilo stavljeno na koleno i klizaljka bila odvezana, bilo je to kao da smo dobijali krilca na obe noge i, koracima koji su prijateljski opštili sa sleđenim tlom, izlazili smo napolje. Sa ostrva me je muzika još izvesno vreme pratila na putu prema kući.

---

* O ostrvu *Rousseau*, po imenu Žan-Žak Rusoa, sudeći po Benjaminovoj rukopisnoj ostavštini pisao je i Ernst Bloh, u *Frankfurter Zeitung*, 7. jula 1932. godine, u članku o Berlinu viđenom kao pejsaž (*Berlin, aus der Landschaft gesehen*).

## KNJIŽURDE

Iz školske biblioteke dobijao sam one koje sam najviše voleo. U nižim razredima su bile deljene. Učitelj bi izgovorio moje ime, a knjiga je putovala do mene od klupe do klupe; klizali bi je ili bi lebdela iznad glava dok ne bi stigla do mene koji sam davao znak. Na njenim listovima se prepoznavao trag prstiju onih koji su je otvarali. Prljava je bila i vrpca kojom se završava povez. No, pre svega je poleđina bila ona koja je morala mnogo da propati; do toga je dolazilo jer bi obe polovine korica same skliznule i na svesku obrazovale male stepenike i terase. No, zakačene za njegove listove kao viline kose za granje u krošnji, visile su još ponekad na lomnim nitima mreže u kojoj sam se i ja nekada uplitao učeći da čitam.

Knjiga je ležala na baš visokom stolu. Prilikom čitanja držao sam se za uši. To nije bilo prvi put da pričanje slušam bezglasno. Svakako ne od oca. Katkada, zimi, stojeći blizu prozora u toploj sobi, tako mi je snežna oluja napolju pričala bezglasno. Nikada nisam mogao da tačno shvatim šta mi je pričala, jer nešto novo, suviše gusto, uvek se pridodavalo na ono što mi je odavno već bilo znano. Tek što bih većma intimizovao s jednim jatom pahuljica, a već sam opažao da me je moralo prepustiti drugom koje je naglo naviralo u prvo. Ali, sada je došao trenutak da u oluji slova pratim povesti koje su mi bile uskraćene kod prozora. Daleke zemlje koje sam sretao u tim pustolovinama poverljivo su se međusobno poigravale poput pahulja. A kako vas daljina, kada sneži, ne vodi više u prostranstva nego unutra, u vas same, tako su i Vavilon i Bagdad, Akra i Aljaska, Tromze i Transval, počivali u meni. Sladunjavi zrak petparačkih pustolovnih romana prožimao je te zemlje krvlju i avanturama na način kome moje srce nije umelo da odoli, dotle da je ovo ostalo verno tim izlizanim sveskama.

Ili je ono ostalo verno starijim, nenalazivijim? Onim čudesnim, naime, koje mi je bilo dato da ih ponovo vidim samo jednom u snu? Kako su se zvali? Znao sam jedino da su to bile knjige odavno nestale i koje nikada nisam mogao ponovo da nađem. Nalazile su se u ormaru za koga sam, budan, morao uvideti da ga nikad ranije nisam bio sreo. U snu mi je izgledao star i dobro poznat. Knjige nisu stajale u njemu; one su ležale, i to u njegovom uglu gde na nebu počinje da se olujno mrači. U njima je bilo olujno. Otvoriti jednu, prenelo bi me je usred oblaka u kome se naoblačio neki promenljivi i tmasti tekst koji je bio bremenit bojama. One su bile ključale i nepostojane, ali su uvek okončavale u nekoj ljubičastoj koja je izgledala kao da potiče uz droba neke kasapske životinje. Naslovi su bili neodredivi i nakrcani značenjima poput te prognane ljubičaste; svaki mi je izgledao neobičniji i bliskiji od prethodnog. Pre nego što bih, ipak, mogao sebi da osiguram prvi najbolji, budio sam se a da nisam ni stizao da još jednom, ma samo u snu, dodirnem stare dečje knjige.

## UČENIČKA BIBLIOTEKA

Bilo je uobičajeno u vreme školskog odmora: knjige su prikupljane a onda ponovo deljene onima koji su tražili. Nikada nisam bio dovoljno vešt za to. Video bih često tada kako željeni tomovi dopadaju drugome koji nije umeo da ih ceni. Koliko li je njihov svet bio drukčiji od sveta knjiga za lektiru u čijim sam pojedinim povestima danima, čak nedeljama morao biti zatočen kao u kasarnama koje su na kapiji, još pre naslova, imale neki broj! Još gore je bilo u kazamatima patriotskih pesama u kojima je svaki redak bio ćelija.[*] A koliko li je prijatnosti bilo, naprotiv, u toplom vazduhu pustolovnih romana koji je prema meni strujao kao južni vetar iz knjiga deljenih za vreme odmora! U takvom vazduhu je katedrala Svetog Stefana odašiljala znakove Turcima koji su opsedali Beč, u takvom se vazduhu plavičasti dim iz lula duvanskih kolegijuma vio među oblake, a pa-

---

[*] Ovde je pomalo i igra reči između „reda" i „ćelije", *Zeile* i *Zelle*.

huljice na Berezini plesale, olovni sjaj najavljivao poslednje dane Pompeja. Samo, taj je vazduh najčešće bio pomalo zagađen kad bi nam dolazio od Oskara Hekera i V. O. fon Horna, od Julijusa Volfa i Georga Ebersa. No, najzagušljiviji je, ipak, bio u tomovima *Priča i predanja iz naše prošlosti* koji su, tako debeli, bili u tolikom broju u biblioteci za šesti da je mala verovatnoća bila da im izmaknete i padnete na neki svezak od Verishefera ili Dana. Na njihovom crvenom kožnom povezu bio je otisnut jedan halebardijer. U tekstu su se mogle sresti gizdave konjaničke čete, a zatim tu su bile i poštene zanatlijske kalfe, plave kćeri kastelana ili oružnika, te vazali koji su se svome gospodaru zaklinjali na vernost; ali nisu nedostajali ni verolomni trpeznik kojki je pleo intrige, kao i vojnici lutalice na plati nekog stranog kralja. Što smo manje mogli, mi koji smo bili deca trgovaca i visokih činovnika, tajnih savetnika, da se zamislimo usred sveg tog naroda gospodarâ i slugu, utoliko je većma taj visokoizgledni svet, obuzet velikim osećanjima, prodirao u naš stan. Grbove iznad kapija viteškog utvrđenja nalazio sam na kožnoj fotelji svoga oca koja je prestolovala pred pisaćim stolom; pehari nalik onim koji su išli od ruku do ruku za Tilijevim stolom stajali su na konzoli naših kaljevih peći ili na skrinjama u predvorju, a na našim tapiserijama nalazila su se mala stepeništa kao ona koja su, drsko uravnotežena, sprečavala pristup u sobe, gotovo takva da nijedan Pritvicov dragon nije mogao da uđe u njih jašući na konju. No, u jednom slučaju stapanje dva sveta posrećilo se da bude suviše uspelo. Bilo je to pod znakom pustolovnog romana čiji naslov nije bio baš potpuno saglasan sa sadržinom. U pamćenju mi je ostao tek jedan njegov deo ilustrovan uljanim otiskom kojeg nisam mogao da pogledam bez bojazni dok sam otvarao knjigu. Bežao sam od te slike i *istovremeno tragao za njom; isto* sam osećao što i docnije pred slikom u Robinsonu Krusou koja je prikazivala Petka u trenu kada po prvi put otkriva trag tuđih stopala i, nedaleko odatle, lobanje i kosture. No, koliko je potmulija bila jeza koja je zračila iz žene u beloj noćnoj košulji koja je, otvorenih očiju, a ipak kao spavajući, prolazila kroz neku galeriju, osvetljena kandelabrom! Žena je bila kleptomanka. Ta reč me je – u kojoj je svirepi i zli početni zvuk izobličavao oba završna već tako sablasna sloga u „morka", kako je to Hokusai s par poteza četkicom lice mrtvaca pretvarao u sablast – okamenjivala jezom.* Odavno je ta knjiga – zvala se *Sopstvenom snagom* – ponovo stajala u razrednom ormaru šestog, ali je hodnik koji je vodio od „berlinske sobe" do onih pozadi još dugo bio ona duga galerija kroz koju je kastelanka noću lutala. Kakve god da su bile te knjige, prijatne ili strašne, dosadne ili napete, ništa nije moglo da umanji ili uveća njihovu magijsku moć. Jer, ova nije zavisila od njihovog sadržaja. Poticala je pre od toga da mi je ona obezbeđivala četvrt školskog časa koja je u mojim očima činila podnošljivom svu bedu jalove školske aktivnosti. Pripremao sam već svoja osećanja za taj povlašćeni trenutak kada sam uveče u torbu za sutrašnji odlazak u školu stavljao knjigu koja je taj teret olakšavala. Mrak koga je ona tu delila s mojim sveskama, udžbenicima, pernicama, odgovarao je tajanstvenoj pojavi koja ju je očekivala sutradan ujutro. Konačno je dolazio trenutak koji me je, u istom prostoru koji će biti upravo i pozornica moga poniženja, snabdevao obiljem moći koja je dodeljivana Faustu kada bi se Mefistofeles pojavljivao kod njega. Šta je bio, pak, učitelj koji bi napuštao podijum da bi sakupio knjige i onda ih, pored razrednog ormara, ponovo razdelio, ako ne već neki niži vrag koji je morao da se odrekne moći da škodi da bi pokazao svoju veštinu u službi mojih želja! I on je omašivao u svakom od svojih mračnih pokušaja da nekim znakom preusmeri moj izbor. Dok bi on još na tome kulučio poput jadnog vraga, ja sam već davno bio na čarobnom ćilimu, leteći put šatora poslednjeg Mohikanca ili u logor Konradina od Štaufena.

---

* U nemačkom je Benjamin u *Kleptomanin*, kleptomanka, čuo *Ahnin*, pretkinja.

## NOVI NEMAČKI PRIJATELJ MLADOSTI

Zanos s kojim su ga primali, jedva se usuđujući da ga ponekad pogledaju, bio je zanos gosta koji se, prispevši u zamak, jedva usuđuje da baci poneki pogled zadivljenosti dugim nizovima odaja kojima mora da prođe da bi došao do svoje sobe. Utoliko je nestrpljiviji da mu bude dozvoljeno da se povuče. Tako je i sa mnom bilo: tek što bih, kao i svake godine, na polici s božićnim poklonima našao najnoviju svesku *Novog nemačkog prijatelja mladosti*, povlačio bih se, pod zašitom njegovog grbom ukrašenog omota, da bih se upoznao s lovačkom ili oružarnom sobom u kojoj sam hteo da provedem prvu noć. Prilikom tog žurnog ispitivanja lavirinta štiva ničeg lepšeg nije bilo od otkrivanja podzemnih hodnika u tim povestima dužim od ostalih, višeputno prekidanim, koji su ponovo na svetlo izlazili s reči „nastavak" i prolazili tako kroz celu knjigu. Zar je bilo važno ako bi iz mirisa marcipana odjednom izgledalo da se diže dim baruta s neke slike za koju bih se vezao, zaneto listajući knjigu? Ali, kada bih na tren ostao sedeći zadubljen u štivo i onda ponovo prilazio stolu s poklonima, ništa više nije nije imalo onaj sjaj kao pri prvom koraku u božićnu sobu, nego je pre sve izgledalo kao da silazimo s male tribine koja nas je odvodila od našeg zamka s duhovima ponovo prema večeri.

## SABLAST

Bilo je to veče moje sedme ili osme godine, pred našim letnjikovcem u Babelsbergu.[*] Jedna od naših devojaka stoji još trenutak pred rešetkastom kapijom koja je vodila ne znam na koju aleju. Veliki vrt, po čijim sam zapuštenim, divljim graničnim područjima lutao, zatvorio se već za mnom. Vreme je za odlazak u krevet. Možda sam se do sitosti naigrao svoje omiljene igre, i negde

---
[*] Blizu Potsdama, jugozapadno od Berlina.

u prostoru ograđenom žicom ispucao se gumenim strelama iz svoga pištolja Eureka po drvenim pticama koje bi udar hica rušio s mete na kojoj su bile zakačene usred oslikanog lišća. Tokom celog dana čuvao sam za sebe tajnu, naime san iz protekle noći. U njemu mi se pojavila izvesna sablast. Teško da bih mogao opisati mesto po kome se ona kretala. Ličilo je, ipak, na mesto koje mi je bilo poznato, mada nepristupačno. Bio je u sobi gde su spavali moji roditelji ugao zastrt plišanom ljubičastom zavesom iza koje su visili majčini jutarnji ogrtači. Tama iza zastora je bila neprozirna. Taj ćošak je predstavljao pandan svetlog raja koji mi se otvarao sa ormarom u kome je majka odlagala rublje. Njegove police, duž kojih je u plavom vezu na belim trakama bio tekst iz Šilerovog *Zvona*, sadržavale su ispeglane posteljne i sobne čaršave, stolnjake, servijete, navlake. Miris lavande dizao se iz zašivenih svilenih kesica obešenih o tapiseriju koja je pokrivala oba krila ormara. Tako je drevna, tajanstvena čarolija pletenja i tkanja, koja je jednom imala svoje mesto na točku za upredanje, visila između nebeskog carstva i pakla. Odatle je dolazio san; sablast je nešto poslovala na drvenom okviru gde su visile svilene stvari. Sablast ih je krala. Nije ih oblačila, nije ih čak ni odnosila; zapravo ni sa njima ni na njima nije ništa činila. A ipak sam znao da ih je krala, baš kao u predanjima u kojima ljudi, otkrivši gozbu duhova, spoznaju da ovi, ne videći ih ni da jedu niti piju, ipak obeduju. Bio je to san koji sam zadržao za sebe. No, u noći koja mu je sledila, zapazio sam kako u neobičajeni čas – bilo je to kao da se drugi san umetnuo u prvi – roditelji ulaze u moju sobu. Ne vidim više već da li su se oni kod mene zaključali. Sutradan ujutro, kada sam se probudio, nije bilo ničega za doručak. Stan je bio, tako sam shvatio, opljačkan. U podne su došli rođaci s najnužnijim. Neka višečlana zločinačka banda se noću bila uvukla. A sreća je, objašnjava se, da je buka u kući dozvolila da se zaključi o njihovoj snazi. Sve do jutra je trajala njihova opasna poseta. Moji roditelji su uzalud iza moga prozora očekivali zoru, u nadi da će moći da upute signale na ulicu. I ja sam bio umešan u slučaj. Doduše nisam znao ništa o ponašanju devojke koja je uveče stajala pred rešetkastom kapijom, ali san iz prethodne noći je učinio da naslutim. Poput žene Plavobradog, tako je radoznalost kliznula u njegovu paklenu i zabačenu sobu. I govoreći o tome, sa užasom opažam da još nikada nisam smeo da ispričam taj san.

## PULT

Lekar je otkrio da sam kratkovidan. I propisao mi je ne samo naočare nego i pult. On je bio veoma dosetljivo konstruisan. Sedište mu je moglo da se pomiče tako da bude bliže ili dalje nagnutoj ploči koja je služila za pisanje. Osim toga, vodoravna prečka pružala je oslonac leđima, a da i ne govorimo o maloj polici za knjige koja je bila kruna svemu i mogla je da se pomera. Pult stavljen pored prozora postade ubrzo moje omiljeno mesto. Ormarčić koji je bio skriven pod njegovim sedištem sadržavao je ne samo knjige koje sam koristio za školu nego i moj album maraka i tri albuma u kojima je bila moja zbirka razglednica. A na bočnoj strani pulta, o jakoj čiviji visila je, pored vrećice za doručak, ne samo moja školska torba nego i sablja koja je išla uz husarsku uniformu, te moj botanički pribor. Često bi prvo bilo, po mom povratku iz škole, da proslavim ponovni susret s pultom time što bih ga učinio pozornicom nekog od mojih najomiljenijih zanimanja – otiskivanje slika, na primer. Šolja vruće vode odmah je zauzimala mesto na kome je dotle bila mastionica, i počinjao bih da izrezujem slike. Koliko obećanja u velu iza koga su opčinjavale s listova i iz svesaka! Obućar za svojim poslom, i deca koja sedeći na drvetu beru jabuke, mlekar pred zimom zasneženim vratima, tigar koji se sprema da skoči na lovca čija puška opaljuje baš u tom trenu, pecaroš u travi kraj svoh plavog potočića i razred dok posmatra učitelja koji nešto ispisuje na tabli, apotekar pred svojom šarolikom i bogato opremljenom radnjom, svetionik s barkom ispred – sve je to bilo pokriveno izmaglicom. Ali, kada bi blago osvetljene počivale na listu i dok bi se, pod vrškom mojih prstiju koji su oprezno, trljajući, pritiskajući, kotrljajući, šetali tamo-amo po njihovoj poleđini, debeli sloj otirao u tananim trakama i kada bi, konačno, po njihovoj poleđini, izbrazdanoj i oljuštenoj, u mrljicama, nežna i jasno prepoznatljiva, izbila boja, bilo je to kao da se nad sivim i obezbojenim svetom, izjutra, dizalo sjajno septembarsko sunce. Sve stvari, još prožete rosom koja ih je osvežavala u osvit, išle su sada blistave u susret novom danu stvaranja. Ali, ako bih se i prepuštao ovoj igri, uvek je bilo moguće naći neki izgovor za završavanje školskih zadataka. Voleo sam da prelistavam stare sveske koje su posedovale posebnu vrednost, jer sam uspevao da ih zaštitim od učiteljeve pretenzije da na njih polaže pravo. Svom pogledu sam sada dopuštao da luta po ispravkama koje je učitelj unosio crvenim mastilom, i ispunjavalo me je tiho zadovoljstvo. Poput imena pokojnika na grobnim spomenicima, koji vam ubuduće nikada više neće moći pomoći ili naškoditi, tu sada počivale ocene koje su svu svoju snagu potrošile na prethodnim ispravkama. Na drugi način i još s mirnijom savešću, mogli ste tumarati ceo čas na pultu, prevrćući po sveskama i školskim knjigama. Knjige su morale biti uvijene u jaki plavi pakpapir, a bilo je propisano da svaka sveska mora imati sopstvenu upijač koji se nije smeo izgubiti. U tu svrhu su postojale vrpce koje su se mogle kupiti u svim bojama. One bi se spajalicama pričvrstile na omot svake sveske i njen upijač. Kada biste se pobrinuli da se opskrbite malim bogatstvom boja, mogli ste postići najraznolikije, najpoetičnije, kao i najkreštavije kombinacije. Pult je, tako, donekle nalikovao školskoj klupi. Ali, uz prednost da sam se osećao kao u skloništu i imao mesta za stvari o kojima školska klupa ne sme ništa da zna. Pult i ja smo se držali zajedno protiv nje. I tek što bih se vratio posle nekog lošeg školskog dana, on me je krepio svežim snagama. Osećao sam se ne samo kao kod kuće nego, još više, kao u svojoj školjci, poput nekog od onih crkvenih učenjaka koje možemo videti na srednjovekovnim slikama na njihovoj molitvenoj stolici ili za pisaćim pultom kao u oklopu. U tom sam zdanju započeo *Treba i imati* i *Dva grada*.* Tragao sam za najmirnijim trenutkom dana, i za tim najzaklonjenijim mestom od svih mesta. Zatim sam otvarao prvu stranicu, sa svečanim raspoloženjem nekoga ko stupa na novi kontinent. A to je, u stvari, bio novi kontinent na kome su Krim i Kairo, Vavilon i Bagdad, Aljaska i taškend, Delfi i Detroit, bili tako međusobno blizu kao što su to bile zlatne medalje s kutija za cigare koje sam sakupljao. Nema veće utehe nego biti okružen svim instrumentima sopstvenog mučenja – slovarima, šestarima, rečnicima – na mestu gde je njihovo pravo ništavno.

## BOŽIĆNI ANĐEO

Počinjalo je s jelama. Jednoga jutra, kada bismo išli u školu, otkrivali bismo, podignute na uličnim uglovima, zelene pečate koji su izgledali da osiguravaju grad, na stotinama uglova i rubova, kao neki veliki božićni paket. No, jednog lepog dana, on bi se rasprsnuo, i igračke, orasi, slama i ukrasi za božićna drvca pokuljali bi iz njegovih otvora: to je bila božićna pijaca. Ali, s njima bi navrlo još nešto: siromaštvo. Kao što su, naime, jabuke i orasi, s malo ukrasnog zlaćanog papira pored marcipana, mogli da se pojave na božićnoj trpezi, tako su i siromasi imali pravo da se, s metalnim ukrasima za jelke i šarenim svećicama, nađu na ulicama bogatijih četvrti. No, bogati su slali svoju decu da za decu siromašnih kupuju male vunene ovce ili im udele milostinju koju se oni s mi nisu usuđivali da im stave u njihove ruke. U međuvremenu, na verandi se već uzdizalo drvo koje je moja majka krišom kupila i pomoćnim ga stepenicama unela u stan. A najčudesnije od svega što mu je davala

---

* *Soll und Haben* je roman Gustava Frajtaga (*Gustav Freytag*, 1855). *Zwei Städte* bi mogao biti aluzivno skraćeni naslov Dikensovog dela *Priče o dva grada* (Charles Dickens, *Tales of two cities*, 1859).

svetlost svećica bilo je ozračje koje je predstojeći praznik tkao za sebe sa svakim danom sve gušće u njegovim granama. U dvorištima su verglovi počeli horalima da produžuju poslednju nit potke. Konačno bi, ipak, bilo izatkano, i opet bi bilo tu jednoga dana kojega se, najstarijeg, ovde sećam.

U svojoj sam sobi čekao dok ne bude htelo da bude šest časova. Nijedan praznik u kasnijem životu nije poznavao taj čas koji podrhtava poput strele u srcu dana. Bilo se već smrklo; uprkos tome nisam palio svetiljku da ne bih odvraćao pogled od tamnih prozora, s druge strane dvorišta, iza kojih su se sada opažale prve sveće. Bio je to od svih trenutaka postojanja božićne jelke onaj kada je strah najveći, trenutak kada ona tami žrtvuje svoje iglice i granje da bi bila samo nepristupačno ali, ipak, blisko sazvežđe, u okviru prozora stana koji gleda na dvorište. No, kada bi takvo sazvežđe povremeno milostivo pohodilo neki od napuštenih prozora, dok bi drugi ostajali i dalje mračni, a treći, još tužniji, ljeskali u gasnoj svetlosti rane večeri, izgledalo mi je da taj božićni prozor u sebi sažima usamljenost, starost i lišavanja – sve ono o čemu ćute siromašni.

Zatim bi mi na pamet padali darovi koje su moji roditelji upravo pripremali. No, tek što bih se odlepio od prozora, srca teškog kako to jedino blizina neke sigurne sreće može da učini, naslutio bih izvesno strano prisustvo u prostoriji. To je bio samo dah, tako da su reči koje su se oblikovale na mojim usnama bile poput valova što ih na nekom velu iznenada izaziva delo povetarca:

> *Svake se godine opet Dete Isus*
> *vraća na zemlju,*
> *tamo gde mi ljudi boravimo*

– u tim se rečima anđeo rađao i s njima nestajao. Nisam, ipak, duže ostajao u praznoj sobi. Zvali su me u sobu prekoputa u koju je drvo sada ušlo u svoj slavi, koja mi ga je otuđivala sve dok se, smaknut s postolja, pokriven snegom ili sijajući pod kišom, praznik ne bi okončao tamo gde ga je neki vergl bio započeo.

## ORMARI

Prvi ormar koji se otvorio kada sam ja to poželeo bila je komoda. Povukao sam jedino za ručku, a vrata su se, škljocnuvši, otvorila prema meni. Unutra je sklonjen ležao moj veš. Ali, usred svih mojih košulja, gaća, jeleka, koji su tamo morali biti složeni i o kojima više ništa ne znam, bilo je nešto što se nije izgubilo i što uvek iznova pristupu tom ormaru daje pustolovni i zavodljivi vid. Trebalo mi je krčiti put do najdaljeg kutka, na samom dnu; stizao sam tada do svojih čarapa koje su tu počivale, ispeglane i sređene na stari način, naime smotane i uvijene tako da je svaki par nalikovao malom tobolcu. Ništa u mojim očima nije nadilazilo zadovoljstvo da ruku gurnem što je dublje mogućno unutra. I ne samo zbog njihove pamučne topline. Bilo je to ono „posavrnuto" koje sam uvek držao u smotanoj unutrašnjosti tobolca u ruci, i to me je privlačilo u dubine. Kada bih stegnutom pesnicom sunuo i svojim snagama dospeo u posed meke, pamučne mase, počinjao je drugi deo igre koja je trebalo da se završi potresnom pojavom čarapa. Jer, sada sam išao na to da ono „posavrnuto" razvijem iz njegovog tobolca. Sve većma sam ga privlačio sebi dok se ne bi odigralo ono što me je bacalo u zanos: ono „posavrnuto" se potpuno razmotavalo i izlazilo iz tobolca, ali istovremeno ovoga više nije bilo. Nikada dovoljno često mogao sam tako da okušavam onu zagonetnu istinu: da su forma i sadržaj, skriveno i skrivajuće, „posavrnute čarape" i tobolac jedno te isto. Jedna jedina stvar – i to treća: ta čarapa, u koju su se obe preobrazile. Pomislim li na nesitu znatiželju s kojom sam izazivao to čudo, kadar sam u mome triku naslutiti mali, bratski model bajki. I one su me takođe pozivale u svet duhova i čarolila da bi me na kraju ostavile na cedilu usred gole zbilje koja me je prihvatala da bi me utešila poput neke pamučne čarape. Otada su prošle godine. Moje poverenje u magiju bilo je već dobro uzdrmano; da bih ga povratio bili su nužni jači podstreci. Počeo sam da ih tražim u neobičnom, strašnom, začaranom, a i ovaj put je to bio jedan ormar pomoću kojega sam pokušao da ih okusim. Ali, igra je bila odvažnija. S nevinošću je bilo završeno. Igra je počivala na zabrani. Bili su mi, naime, zabranjeni spisi za koja sam se nadao da će mi bogato nadoknaditi izgubljeni svet bajki. Naslovi su mi, doduše, ostali u tami – *Fermata, Majorat, Hajmatohare.*\* Ipak, za sve koje nisam razumeo, jamčio je naziv *Hofmanove sablasti* i stroga naredba da u tu knjigu nikada ne zavirim. Uspeo sam, konačno, da je se dokopam. Moglo je to biti poslepodne kada sam se ja već vratio iz škole, pre nego što je majka došla iz grada, a otac s posla. Tih dana odlazio sam, ne gubeći ni časka, prema biblioteci. Bio je to neobičan komad nameštaj: na osnovu njegovog spoljašnjeg izgleda nije se moglo pogoditi da su u njemu pohranjene knjige. Njegova vrata imala su hrastove okvire sa staklom. No, staklo je bilo sastavljeno, u stvari, od kvadratnih stakalcadi ispupčenih sa obe strane i međusobno odvojenih olovnom mrežom. Stakalca su, međutim, bila obojena crveno, zeleno, žuto, te su bila potpuno neprozirna. Tako je staklo na tim vratima bilo svojevrsni ispad i, kao da je htelo da se sveti za svoju sudbinu da je bilo tako nepodobno iskorišćeno, odsjajavalo je zlovoljno u toj meri da nikoga nije podsticalo da mu se približi. Ipak, koliko god da sam i ja bio osetljiv na sumornu atmosferu koja je vladala oko tog komada nameštaja, ona je bila podstrek više za potez rukom, tokom tih svetlih i opasnih poslepodnevnih časova, prema njemu. Otvarao sam krila, pipkao za tomom koga nije valjalo tražiti u prvom redu nego u tamnom prostoru iza njega, grozničavo listao za stranicom gde sam bio stao, i ne prateći retke prstom počinjao da prevrćem listove pred otvorenim vratima ormara, iskorišćavajući vreme

---

\* Reč je, zapravo o pričama E. T. A. Hofmana, u kojima se pojavljuju duhovi. Zanimljivo je da Benjamin, reklo bi se, namerno pogrešno piše treću kao *Heimatochare*, a ne *Haimatochare*. I to pisanje bi moglo evocirati dečju igru koja menja reči, s tim da ovoga puta zabluda aludira na *Heimat*, zavičaj, rodna zemlja! Ne zaboravimo da je, u izvesnom smislu, *Berlinsko detinjstvo* najizrazitije delo Benjaminovog izgnanstva i prateće nostalgije za kućom...

do povratka roditelja. Ništa nisam shvatao od onoga što sam čitao. Pa ipak, užasavanje izazvano svaki utvarnim glasom , svakim otkucajem ponoći i svakim proklinjanjem umnostručavalo se i ispunjavalo me zahvaljujući i strahom uha koje je svakog časka očekivalo šum ključa u bravi stana i tupi udar očeve palice za šetnju koja je, napolju, padala u držač za kišobrane. – Bio je to znak posebnog položaja kojega su zauzimala duhovna dobra u kući da je ovaj ormar jedini među ostalima ostajao nezaključan. Jer, u slučaju ostalih nije bilo drugog pristupa nego pomoću koluta s ključevima koji je, tih godina, pratio domaćicu kuće svuda po stanu, a da je to nije sprečavalo da ih svaki čas zagubi. Zveckanje ključeva koje je ona premetala prethodio svakom kućnom poslu; bio je to haos, koji je u njemu praskao, pre nego što bi nas pozdravila slika svetog reda iza širom raskriljenih vrata ormara kao na dnu tabernakula.Taj božanski red iziskivao je, i od mene, poštovanje i čak žrtvu. Posle svakog božićnog praznika i rođendana trebalo je izabrati koji bi među mojim poklonima valjalo pripisati „novom ormaru" čiji mi je ključ majka čuvala za kasnije. Sve što je bilo pod ključem ostajalo je duže novo. No, u mome duhu više je vredelo obnavljati staro nego održavati novo. Obnavljati staro sastojalo se, za mene još mladog, u tome da ga učinim svojim, a to je opet značilo da postane deo zbirke koja se gomilala u mojoj fijoci. Svaki kamen koga sam našao, svaki ubrani cvet i svaki pribodeni leptir, predstavljao je već, u mojim očima, početak jedne zbirke, i sve ono što sam uopšte posedovao činilo je jednu i jedinu zbirku. „Slagati" je bilo uništiti jedno zdanje puno trnovitog kestenja (perni buzdovani), staniol-papira (srebrno blago), drvenih kocaka (toliko kovčega), kaktusa (koji su bili totemska stabla) i bakrenjaka (koji su igrali ulogu štitova). Tako je narastala i preobražavala se imovina detinjstva u fijokama, torbama, kutijama. A ono što je jednom iz stare seoske kuće prelazilo u bajku, ona poslednja soba koja je zabranjena Marijinom detetu, u velegradskoj kući bilo je stisnuto u ormaru. Ali, najsumornija stvar od svih koje su se tih dana nalazile u domaćinstvu, bio je bife. Samo je onaj mogao da pojmi pravu meru trpezarije i njene prigušene misterije ko je jednom uspeo sebi da objasni nesrazmeru između vrata i širokog i masivnog bifea koji je sezao do tavanice. Izgledao je da na mesto koje je zauzimao u prostoru ima podjednako zajamčena prava koliko i na mesto koje je zauzimao u vremenu u kome je stolovao kao svedok rodbinskih veza koje su nekada, u samim počecima, držale na okupu nekretnine i pokretna dobra. Čistačica koja je sve okolo razmeštala nije imala ovlašćenja nad njim. Mogla je jedino da pomera i u susednu sobu odlaže srebrne bokale i činije, vaze iz Delfta i majolike, bronzane urne i staklene pehare, koji su se nalazili u njegovim nišama i pod njegovim školjkastim baldahinima, na njegovim terasama i estradama, između njegovih portala i pred njegovim oplatama. Strma visina na kojoj su oni počivali kao na tronu otuđivala ih je od svake praktične upotrebljivosti. Stoga je bife, s dobrim razlogom, ličio na breg na kome se uzdiže hram. I on je mogao da se razmeće blagom kao što bogovi vole da ga imao izloženog oko sebe. Zbog toga je njegov pravi dan bio onaj kada je održavan večernji prijem. U podne već otvarao se poput brda i dopuštao mi da vidim, u njegovim bunarima i galerijama prekrivenim velurom nalik sivozelenoj mahovini, srebrno blago kuće. No, ono što je u njemu bilo izloženo nije bilo u desecima nego po dvadesetak ili tridesetak. I dok sam gledao te duge, duge nizove kašika za moku ili držača za noževe, noževa za voće ili viljušaka za ostrige, sa zadovoljstvom od toga obilja sukobljavao se strah: da gosti na koje se tada čekalo neće biti međusobno slični poput naših stonih pribora.

## PROSJACI I KURVE

U doba svog detinjstva bio sam zatočenik starog i novog Zapada. Moj klan je tada naseljavao obe te četvrti sa izgledom u kome su se mešale istrajnost i taština i koje su od njih činile geto na koji je on gledao kao na svoje léno. Stanovao sam zatvoren u ovoj četvrti posednikâ, ne poznajući neku drugu. Za bogatu decu moga uzrasta siromasi su postojali jedino kao prosjaci. I bio je to veliki napredak u saznanju kada mi se siromaštvo po prvi put pojavilo u gnusobi slabo plaćenog rada. Bio je to kratki tekst, možda prvi kojega sam načinio jedino za sebe. Reč je bila o čoveku koji je delio letke i o poniženjima koje je on podnosio usred prolaznikâ ravnodušnih prema tim lecima. Onda se siromah – tako sam zamišljao – krišom oslobađa celog svog paketa. To je, svakako, bilo najjaloviji način sređivanja situacije. Ali, nikakav drugi oblik revolta mi nije padao na pamet osim oblika sabotaže; to je, istina, poticalo iz ličnog iskustva. Pribegavao sam tome kada sam pokušavao da izmaknem svojoj majci. Naročito kada bi mi držala „pridike", i to sa upornom tvrdoglavošću koja je majku često bacala u beznađe. Imao sam, naime, običaj da zaostajem uvek za pola koraka. Bilo je to kao da ni u kom slučaju neću na čelo, čak ni sa sopstvenom majkom. Koliko sam tom sanjalačkom opiranju prilikom zajedničkih šetnji kroz grad imao da zahvalim, otkriću kasnije kada se lavirint grada bude otvorio polnom nagonu. No, potonji nije, tokom svojih prvih kušanja, za telom nego za sasvim odbačenom dušom čija krila su lenjo sijala u svetlosti gasne lampe ili još snatrila nerazvijena ispod krzna koje je tu dušu omotavalo kao lutku. Upotrebljavao sam tada pogled koji je izgledao kao da ne vidi trećinu onoga što je doista video. Ali, tada sam već, dok je majka grdila moje opiranje i mesečarsko tumaranje, tamno naslućivao mogućnost da se jednog dana rasteretim njenog tutorisanja zahvaljujući savezu s tim ulicama u kojima naoko nisam pronalazio pravi put. U svakom je slučaju, bez ikakve sumnje, osećanje – na žalost, varljivo – da izmaknem svojoj majci, njenoj i mojoj klasi, objašnjavalo besprimernu privlačnost koja me je nagnala da se usred žive ulice obratim jednoj kurvi. Moglo je trajati satima pre nego što sam došao do toga. Užas koji sam tada osetio bio je isti kojim me je ispunjavao neki automat za čiji pogon je bilo dovoljno jedno pitanje. I tako sam hitnuo svoj glas u napuklinu. Krv je onda navrla u moje uši i ja nisam bio kadar da razumem reči koje su padale iz tih debelo našminkanih usta. Pobegao sam odatle da bih još iste noći – koliko puta još – ponovio mahniti pokušaj. Kada bih se onda, pokatkad već pred zoru, zaustavljao u nekoj kapiji, bio sam beznadno zapleten u asfaltnim vrpcama ulice, a ruke koje su me oslobađale nisu bile one najčistije.

## ZIMSKO VEČE

Ponekad bi me majka, u zimske večeri, vodila kod bakalina. Bio je to mračni i nepoznati Berlin koji se, u gasnoj svetlosti, rasprostirao preda mnom. Ostajali bismo u oblasti starog Zapada čije su ulice bile skladnije i nepretencioznije od onih koje ću im docnije pretpostaviti. Erker-balkoni i stubovi nisu se više jasno nazirali, a svetlost se utopila u fasadama. No, videle su se muslinske zavese, store ili gasni valjci ispod visećih lampi – ta je svetlost malo otkrivala od soba koje je osvetljavala. Bavila se jedino samom sobom. Privlačila me je i činila zamišljenim. I danas još u tome uspeva u mome sećanju. Pri tome me najčešće vodi do jedne od mojih razglednica, na kojoj je bio prikazan neki berlinski trg. Kuće, koje su ga okruživale, bile su senovitoj plaveti, a noćno nebo, na kome je bio mesec, izdvajalo se kao tamnije. Mesec i prozori bili su isečeni u plavom kartonu. Bilo je potrebno da kartu držim naspram lampe da bi se nazreo žuti sjaj koji je izbijao iz oblakâ i nizova prozora. Nisam poznavao oslikani predeo. Ispod je pisalo „Kapija Hale". Kapija i Hale ovde su se združivali i obrazovali osvetljenu pećinu u kojoj otkrivam uspomenu na zimski Berlin.

## KUTIJA ZA RUČNI RAD

Ne poznajemo više vreteno na koje se ubola Uspavana princeza i pala u stoletni san. Ali, kao što je Snežanina majka, kraljica, sedela kod prozora dok je vejao sneg tako je i naša majka s priborom za ručni rad sedela kraj prozora, i tri kapljice krvi nisu kanule samo zato što je ona pri radu nosila naprstak. No, zato je njegov vršak bio bledo crven, a krasila su ga mala udubljenja poput tragova ranijih uboda. I kada bismo ga prinosili svetlosti, on je plamtio u dnu svoje mračne pećinice koju je naš kažiprst tako dobro poznavao. Jer, mi volimo da se dočepamo male krune da bismo se tajno mogli krunisati. Kada sam ga navlačio na prst, shvatao sam naziv kojega su služavke davale mojoj majci. Mislile su da kažu „gn„dige Frau", „milostiva gospođa", ali bi ipak prvu reč donekle gutale, pa mi je dugo izgledalo da su govorile „N„h-Frau", „gospođa ručni rad". Ne bi se mogao naći nijedan naslov kojim bi mi se moćno savršenstvo majke otkrilo na prosvetljeniji način.

Kao i sva prava vladarska sedišta, i njeno je, za radnim stočićem, bilo okruženo magijskom međom. Dešavalo se ponekad da je naslutim. Nepomičan, zadržanog daha, stajao sam unutar začaranog područja. Majka bi upravo otkrila, pre nego što je trebalo da je pratim u posetu ili u kupovinu, da bi nešto trebalo popraviti na mojoj odeći. I ona bi držala rukav moje mornarske bluze, u koju sam ja već bio uvukao ruku, da bi pričvrstila plavobeli našivak ili da bi, s nekoliko brzih uboda, podesila nabor na svilenoj mornarskoj naramenici. Za to vreme sam stajao i okretao belu traku od kaučuka na svojoj mornarskoj kapi koja mi nije mnogo prijala.

U takvim trenucima, dok bi me ono što je neophodno da se uradi najjače potčinjavalo, budio se u meni prkos i izazov. Ne samo zato što je ta briga za odeću koja je već bila na meni stavljala moje strpljenje na tešku probu, ne, nego još više zato što ono čemu sam bivao potčinjen nije imalo ni najmanje veze s višebojnim prelivanjima svilenih tkanina, finih igala i pribadača u raznim veličinama koje su stajale preda mnom. Počeo sam čak da podozrevam da li je ta kućna kutija uopšte bila namenjena priboru za ručni rad i male popravke, a ta sumnja bila je nalik ovoj koje me danas obuzima nasred ulice kada izdaleka ne mogu da odlučim da mi je pred očima pekara ili frizerski izlog. I teško da bih se ozbiljnije začudio ako bi se među špulama konca našla jedna koja govori, špula Odradek, koju sam upoznao skoro četrdesetak godina kasnije. Doduše, tu govorljivu i zagonetnu špulnu koja se vrti niza stepenice i po ćoškovima, pesnik naziva „domaćinova briga".* No, ona će biti predstojnik neke od onih dvosmislenih porodica u kojima se obrću odnosi među polovima. U najmanju ruku sam već tada naslućivao da me špule s jakim koncem i sitna vretena muče nečistim zavođenjem. Njegovo sedište se nalazilo u izdubljenom prostoru špule gde se nekada vrtela osovina čije je brzo obrtanje namotavalo konac. Ta je rupa iščezavala potom sa obe strane ispod nalepljenih kružnih etiketica koje su, većinom, bile crne sa zlatnim otiskom firme i broja konca. Odveć je veliko bilo iskušenje da vrškom prsta pritisnek etiketicu po sredini i suviše duboko zadovoljstvo kada bi se ona pocepala i ja mogao da osetim svoj prst u unutrašnjosti procepa.

Pored gornjeg regiona kutije, gde su bili jedan kraj drugog poslagani ti valjci, sjaktale igle u svojim crnim „knjižicama" i gde su makaze stajale u svojim kožnim navlakama, postojalo je i mračno podzemlje, hrpa, gde je vladalo razmotano klupko, gde su se preplitali komadi plastičnih traka, kukice, omčice i parčad svile. Bilo je tu i dugmadi, među tim otpacima; a mnoga od njih takvog oblika kakva nikada nisu viđena na nekoj odeći. Znatno kasnije sam ponovo otkrio slična: ona su bila tada točkovi na kolima Tora, boga grmljavine, takva kakva je reprodukovao neki mali školski učitelj sredinom stoleća. Trebalo je, dakle, da minu mnoge godine da bi se moje osećanje da je cela ta kutija bila namenjena nečem drugom a ne priboru za prišivanje i sličnom potvrdilo pred jednom bledom sličicom.

---

* Odradek je izum Franca Kafke, i to čudesno biće se pojavljuje u jednoj od njegovih priča, upravo naslovljenu kao *Domaćinova briga*, na koju će se Benjamin i kasnije, u svojim tekstovima, osvrtati.

Snežanina majka prošiva a napolju sneži. Što tiše biva u zemlji, utoliko većma taj najtiši kućni posao dolazi do časti. Što se ranije smrkava, utoliko češće posežemo za makazama. A mi tada celi čas provodimo prateći očima iglu iz koje lelujavo visi debela lanena nit. Jer, da i ne kažemo, svako se predavao svojim poslovima sa zašivanjem – kartonski tanjiri, mastionice s držačima za pera, futrole, na kojima je našivano cveće po nekom crtežu. I dok se papir, s lakim krckanjem, povinovao igli, ustupajući joj prolaz, ja sam se, s vremena na vreme, povinovao iskušenju da zaljubljeno posmatram preplitanje na naličju koje je, sa svakim ubodom što me je primisao cilju, bivalo sve zapletenije.

## NESREĆNI UDESI I ZLOČINI

Grad mi ih je svakodnevno obećavao nove, a uveče mi ih je ostajao dužan. Kad bi iskrsnuli, dok bih ja stigao na lice mesta već bi nestajali, poput bogova koji imaju samo nekoliko trenutaka za smrtnike. Neki opljačkani izlog, kuća iz koje su izneli nekog mrtvaca, mesto na ulici gde je konj poklekao – ja bih se pred njima usadio da bi se prožeo prolaznim dahom kojega je ispuštaj taj događaj. On bi tada već minuo – raznesen i odnesen od strane gomile znatiželjnika koji bi se rasejali sa svakim vetrom. Ko je mogao da se nadmeće s vatrogascima koje su njihova trkačka grla nosila prema nepoznatim požarima? Ko je mogao da pogleda kroz mlečna stakla u unutrašnjost kola hitne pomoći u kojima je ulicama klizao i jurio neki nesrećnik čiji trag nisam mogao pronaći? U to vreme su, ipak, postojala još neobičnija vozila koja su svoju tajnu čuvala tako tvrdoglavo kao što su svoju čuvala ciganska kola. I na njima su bili prozori koji mi nisu izgledali manje bezbedni. Zatvarali su ih železne šipke. Pa i kada je rastojanje među njima bila tako malo da se čovek između njih ni u kom slučaju nije mogao provući, dopuštao sam ipak svojoj misli, ne pokazujući to, da pohrli put zločinaca koji su, kako sam sebi to pričao, sedeli unutra zatočeni. Tada nisam znao da su to bila samo kola za prenos dosijeâ, ali to neznanje mi je utoliko bolje omogućavalo da u njima vidim zagušljive furgone za nesrećnika. I Kanal, u kome je, pak, voda tako mračno i sporo tekla, kao da je bila na ti s posvemašnjom tugom sveta, zaustavljao se s vremena na vreme. Zalud je svaki od njegovih mnogih mostova kao prstenom spasa bio veren sa smrću. Svaki put kada bih prolazio pored njega, otkrivao sam ga devičanski netaknutim. A na kraju sam naučio da se zadovoljim slikama na tablama koje su prikazivale načine vraćanja u život utopljenikâ. No, ti prikazi ostali su tako daleko od mene kao mramorni ratnici iz muzeja Pergamon.[*]

Nesreća je svugde bila predviđena; grad i ja smo joj rasprostirali meku postelju, ali ona nikada nije dopuštala da bude viđena. Da, kad bih mogao da pogledam, kroz dobro spuštene roletne, u bolnicu Svete Elizabete! Bio sam zatečen, dok bih prolazio Licovljevom ulicom, tolikim brojem roletni zatvorenih usred bela dana. Na svoja pitanja saznavao sam da u tim sobama leže „teški bolesnici". Mora da su Jevreji, kad bi čuli da se govori o anđelu smrti koji je prstom označavao kuće Egipćana u kojima prvorođeni mora umreti, ta kuće zamišljali sa isto toliko užasa koliko i ja one prozore sa uvek spuštenim roletnama. No, da li je taj anđeo smrti doista izvršavao svoje delo? Ili su se, ipak, jednoga dana roletne podizale, i teški bolesnik bi se kao izlečen pojavljivao na prozoru? Ne bi li se njemu moglo pomoći, hoću reći smrti, požaru ili čak provali oblaka koja je dobovala po mojim prozora, ne uspevajući nikada da ih razbije? I da li je to čudno ako je, dok su se najposle nesreća i zločin odigravali na licu mesta, taj događaj uništavao sve oko sebe, čak i prag između sna i jave? Onda više ne znam da li on potiče iz nekog sna ili se samo često iznova pojavljuje u snu. U svakom slučaju, on je bio prisutan počev od trenutka dodira s „lancem".

---

[*] Berlinski muzej poznat po svojoj antičkoj zbirci.

„Ne zaboravi da najpre staviš lanac", govorili su mi kad mi je bilo dozvoljeno da otvorim ulazna vrata. Strah pred nekom nogom koja zaglavljuje vrata nije me ostavljao tokom moga detinjstva. A usred tog straha beskonačno se nedrio, poput paklenih muka, užas koji je očigledno ušao samo zato što lanac nije bio stavljen. U radnoj sobi moga oca stoji izvesni gospodin. Nije loše odeven, a izgleda kao da apsolutno ne primećuje majčino prisustvo. Govori pred njom kao da je nema, kao da je ona puki vazduh. Moje prisustvo u susednoj sobi za njega je još s jačim razlogom posve zanemarljivo. Ton kojim govori možda je učtiv i, svakako, jedva da je preteći. Opasnija je tišina kada on ućuti. U tom stanu nema telefona. Život moga oca visi o koncu. Možda on to neće shvatiti i, kada ustane od sekretera, kojega nije imao nikako vremena da ostavi da bi isterao gospodina koji je ušao i odavno već silom prodro, ovaj će ga odgurnuti, zaključati vrata i ključ zadržati kod sebe. Ocu je odstupnica presečena, a s majkom drugi nema šta da čini. Ono što je, uostalom, najstrašnije kod njega jeste način kojim je on ne vidi, kao da je ona bila saučesnica njegova, ubice i nasilnika.

No, kako se ovo mračno tajanstveno iskušenje odigralo a da mi nije za sobom ostavilo ni reč svoje odgonetke, uvek sam razumevao onoga koji pribežište traži kod prvih otkrivača požara. Oni stoje kao oltari na ulici čija se zaštita traži pred boginjom nesreće. Zamišljao sam sebi tada, uzbudljivije i od pojave vatrogasnih kola, minut kada bih bio jedini prolaznik koji čuje njihovu još daleku sirenu. Ali, skoro uvek je ta sirena značila da je već izgubljen najbolji deo katastrofe. Jer, čak i u slučaju požara, ništa se od vatre nije videlo. Izgledalo je kao da grad ljubomorno brine o retkim plamenovima, hrani ih u dubinama dvorišta ili potkrovlja i svakome uskraćuje pogled na prizor te sjajne i vatrene ptice koju on neguje tamo samo radi svog zadovoljstva. Vatrogasci bi se doista vraćali pokatkad iz unutrašnjosti, ali ipak nisu izgledali kao vredni prizora čiji su deo morali biti. Kada bi, potom, pristigla druga grupa sa crevima, merdevinama i cisternama, izgledala je, nakon prvih užurbanih manevara, kao da se našla uronjena u istu rutinu, i ta robustna i šlemovna podrška izgledala je većma kao straža nevidljivom požaru nego kao njegov neprijatelj. Većinom, međutim, nisu dolazila nikakva kola, nego se odjednom opažalo da je čak i policija nestala i da je vatra bila ugašena. Niko nije hteo da potvrdi da je on goreo.

## LOĐE

Dugo vremena čuva život za još krhko sećanje na detinjstvo nežnost majke koja novorođenom daje da sisa a da ga ne budi. Ništa ne krepi moje dublje od prizora dvorištâ s tamnim lođama među kojima je jedna, leti osenčena storama, bila kolevka u koju grad polaže svog novog građanina. Karijatide koje su držale lođu sledećeg sprata, mogle su na trenutak napustiti svoje mesto da bi nad tom kolevkom pevale pesmu koja, pravo govoreći, nije sadržavala gotovo ništa od onoga što me je kasnije čekalo, ali ipak je održavala izreku zahvaljujući kojoj me je, otada, vazduh dvorištâ uvek opijao. Verujem da je dašak toga vazduha još obvijao vinogorje na Kapriju gde sam zagrljenu držao svoju dragu; i upravo je to isti vazduh u kome lebde slike i alegorije, koje vladaju mojim mišljenjem kao karijatide s lođa nad dvorištima berlinskog Zapada.

Ritam gradske železnice i prašenje tepiha uljuljkuje me tu u san. Bile su to naćve u kojima su se obrazovali moji snovi. Najpre bezoblični, možda prožeti žuborom vode ili mirisom mleka; zatim snovi nanizani: snovi o putovanjima ili o kiši; konačno, probuđeni: o idućoj igri klikerima u Zoološkom vrtu, o nedeljnom izletu. Tu je proleće podjarivalo prve izdanke pred sivom fasadom dvorišne zgrade; i kada bi, kasnije tokom godine, prašnjavi venjak hiljadu puta dnevno olistavao kućni zid, šumor granja me je podučavao o znanju za koje još nisam bio sazreo. Sve mi je, naime, u dvorištu davalo neki znak. Koliko li samo poruka nije bilo u čarkanju zelenih stora koje su se visoko uzdizale, i koliko sam samo kobnih vesti ostavio oprezno zatvorenih u lupnjavu metalnih roletni koje su se gromko spuštale u sumrak.

Ali, ono što me je najvećma pogađalo, bilo je na mestu u dvorištu gde se dizalo drvo. To je bilo popločano mesto sa ukupanim širokim železnim kolutom. Po njemu su išle šipke tako da je na golom tlu obrazovao rešetku. Izgledalo mi je da to nije bezrazložno tako napravljeno; ponekad sam dugo sanjario o tome šta se događalo u crnoj jami iz koje je raslo stablo. To sam istraživanje docnije produžavao na fijakerskim stajalištima. Tamo je drveće bilo slično ukorenjeno, ali je, osim toga, bilo okruženo rešetkom na kojoj su kočijaši vešali svoje kabanice dok bi, da bi napojili svoje konje, pumpom punili korito napravljeno na trotoaru. Za mene su ta stajališta, čiji je mir retko bio prekidan dolaskom i odlaskom kolâ, bila dalje provincije moga dvorišta.

Mnoge stvari su mogle biti očitane na njegovim lođama: pokušaj predavanja večernjoj dokolici; nada se se porodični život gurne dublje u zelenilo; želja da se nedelja iskoristi bez ostatka. Ali, na kraju krajeva, sve je bilo uzaludno. Ničemu nisu te kocke nadslagane na kućnim bokovima učile osim što su svedočile koliko teških posloavasvaki dan baštini sledećem. Konopci za veš protezali su se od zida do zida; palme su izgledale tako beskućnićki kao da odavno crni kontinent nije više njihov zavičaj, nego je to postao obližnji salon. Tako je hteo zakon mesta oko koga su nekada obigravali snovi ukućana. Ali, pre nego što će pasti u zaborav, umetnost je povremeno preduzimala njegovo preinačenje. Bio je to tek neki mali visuljak, tek neka bronza, tek kineska vazna, koji su se ušunjali u njegovo područje. Pa čak i ako su te starine činile retko čast mestu, tok vremena u tim lođama s m im je pridavao nešto od starinskog. Pompejansko crveno, koje se često kao široka traka pružalo po zidu, bilo je pozadina data časima koji su se okupljali u tom izdvojenom prostoru. Vreme je starilo u tim senovitim prostorijicima koje su gledale na dvorišta. I upravo stoga bilo je prepodne, kada bih ga zaticao na našoj lođi, tako dugo prepodne da je ličilo na sebe više nego igde drugde. Tako je bilo i sa ostalim dobima dana. Nikada nisam mogao da ih tu sačekam. Ona su mene uvek tu sačekivala. Bila su tu već odavno, takoreći već izišla iz mode kada bih ih, konačno, ja tamo iščeprkao.

Kasnije sam dvorišta otkrivao iznova sa železničkog nasipa. I kada bih ih onda, u sparnim letnjim poslepodnevima, posmatrao iz kupea, leto je izgledalo kao da traži pribežište u njima i odriče se poljskih predela. I crveni cvetovi geranijuma, provirujući iz svojih saksija, manje su odgovarali letu nego crvenim dušecima koji su izjutra bili izlagani na prozorima da bi se provetrili. Večeri u takvim danima viđale su nas ponekad okupljene – mene i moje drugove – za stolom u lođi. Metalna baštenska garnitura, koja je oponašala vrbove pletenuše, služila nam je za sedenje. A gasna svetlost koja je dolazila iz crveno i zeleno plamteće petrolejke u kojoj se kupa fitilj, obasjavala je knjižice književnih klasika: čitalačka posela.* Romeov poslednji uzdisaj proletao je kroz naše dvorište u traganju za odjekom koga bi mu rezervisala Julijina grobnica.

Otkako sam bio dete, lođe su se manje izmenile nego druge prostorije. Ipak ne zato što su mi one još bliske. Većma zbog utehe koju njihova nenastanjivost pruža upravo onome koji, takoreći, nigde više ne može da nađe utočište. S njima, stanište Berlinca ima svoju granicu. S njima, počinje Berlin, s m bog grada. On tu ostaje tako prisutan da ništa prolazno ne može kraj njega da se otvrdi. U njegovom okrilju mesto i vreme nalaze sebe i združuju se. Oboje počivaju ovde na svojim nogama. Ali, dete koje je jednom bilo u savezu s njima, sada ulovljeno u toj grupi, naseljava svoju lođu kao njemu davno namenjenom mauzoleju.

---

* „Knjižice klasikâ", *Reclamhefte*, bile su džepna i zgodna, jeftina izdanja kuće *Reclam*.

## KRIVUDAVA ULICA

Bajke ponekada govore o prolazima i galerijama koji su sa obe strane, po zidovima, nakrcane zavodljivim i opasnim stvarima. Kao dečak, bio sam prisan s jednim takvim pasažom; zvao se Krivudava ulica. Tamo gde je činila svoj najoštriji zaokret, nalazio se njen najmračniji ćošak: bazen sa zidovima od crveno emajliranih opeka. Voda je u bazenu, tokom nedelje, više puta obnavljana. Onda je na ulazu pisalo „Privremeno zatvoreno", i ja sam uživao u jednom poklonjenom danu. Prepuštao bih se skitanju pred izlozima i svoju krv hranio obiljem stvari koje su bile pod njihovom zaštitom. Nasuprot bazena stajala je zalagaonica. Staretinari su zaposeli trotoar sa svojom svaštarskom robom. Bilo je to i mesto gde se mogla iznajmiti i odeća na mesec.

Tamo gde je Krivudava ulica izlazila na Zapad, postojala je prodavnica pisaćeg pribora. Pogledi neupućenih u njen izlog lepili su se za jeftine sveske Nika Kartera. Ali, ja sam znao gde je valjalo da tražim, u pozadini, iza neprijatnih svezaka. U tom delu ulice nije bilo prolaza, pa sam mogao dugo da piljim, obezbeđujući sebi alibi s računskim knjigama, šestarima i nalepnicama, prodrevši najposle u samo srce tog papirnog univerzuma. Želja pogađa ono što će se u nama pojaviti kao najustrajnije; stapa se s njime. Rozete i lampioni slavili su u izlogu varljivi događaj.

Nedaleko od bazena bila je gradska čitaonica. Sa svojim metalnim galerijama, ona nije za mene bila ni visoka ni hladna. U njoj sam predosećao svoje pravo mesto. Jer, njen miris joj je prethodio. Ona me je čekala kao ispod nekog tankog sloja koji ju je skrivao, ispod vlažnog i lednog mirisa koji me je primao u okrilje stepenišnog prostora. Gvozdena vrata bih uvek odgurnuo sa strepnjom. No, tek što bih se našao u sali, tišina bi preuzimala brigu nad mojim snagama.

Na bazenu me je najviše odvraćala galama koja se mešala s klokotanjem kanalizacije. Ona se čula već iz predvorja gde je svako morao da uzme koštane žetone za kupanje. Prekoračiti taj prag značilo je rastati se od gornjeg sveta. Potom, ništa vas više nije štitilo od vodene mase ispod staklenog krova koja je čekala unutra. Ona je bila boravište ljubomorne boginje koja je htela da nas uzme na svoje grudi i prisili da pijemo vodu iz njenih ledenih dojki sve dok na nas, tamo gore, ne izgube svako sećanje.

Zimi, ulične lanterne su bile već upaljene kada bih se s bazena vraćao kući. To me nije moglo sprečiti da idem zaobilaznim putem koji je prema mome ćošku vodio otpozadi, kao da sam hteo da ga iznenadim. I u prodavnici je gorelo svetlo. Deo nje je padao i na izloženu robu i mešao se sa svetlom lanterni. U takvom dvojnom svetlu, izlog je obećavao još više nego inače. Jer, sada je opčinjenost, kojom je na mene delovala nesputavana i neskrivana raskoš s komičkih razglednica i brošura, bila pojačana svešću da je za taj dan gotovo s dnevnim obavezama. Ono što se tada odigravalo u meni, mogao sam pomno da ponesem kući pod moju svetiljku. Da, čak i postelja me je često vodila još prema prodavnici i struji prolaznika koja je tekla Krivudavom ulicom. Sretao sam mangupe koji su me gurali. No, oholost koju su oni putem budili u meni, nije se više pojavljivala. San je za tišinu moje sobe vezivao šum koji me je za tili čas obeštećivao za omraženu galamu na bazenu.

## OSTRVO PAUNOVA I GLINIKE

Leto me je vraćalo Hoencolernima. U Potsdamu, bili su Novi dvorac i Sansusi, Vildpark i Šarlotenhof, u Babelsbergu – zamak i njegovi vrtovi, koji su bili u susedstvu naših letnjikovaca.* Blizina tih dinastičkih staništa nije me nikada uznemiravala u mojim igrama, čak i

---

* U pitanju su, u jugozapadnoj berlinskoj oblasti, obe obale Havela gde su se nalazile rezidencije vladarske porodice Hoencolerna (*Hohenzollern*). Babelsberg je na južnoj obali. Novi dvorac, Sansusi (*Sans-Souci* na francuskom znači „bezbrižnost") i ostale palate – na severnoj obali, to jest u Potsdamu.

kada sam prisvajao predeo koji je ležao u senci kraljevskih zdanja. Mogla bi se napisati istorija moga vladanja, koja bi išla od moga postavljenja s letnjim danom do propasti moga carstca s krajem jeseni. I moja egzistencija je proticala u bitkama za odbranu tog carstva. No, njihova tajna je bila u tome da se one nisu odigravale protiv nekog neprijateljskog cara nego protiv same zemlje i protiv duhova koje je ona upućivala na mene.

Bilo je to jednog popodnevna na Ostrvu paunova kada sam, tokom takve jedne bitke, pretrpeo svoj najteži poraz. Bilo mi je rečeno da tamo, u travi, moram da potražim paunovo perje. Kako zavodljivije mi je tada izgledalo Ostrvo kao nalazište tako čarobnih trofeja! No, kada sam onda uzduž i popreko zaludno prošvrljao proplancima, tražeći ono što mi je bilo obećano, bio sam osvojen manje srdžbom prema životinjama koje su sa svojim netaknutim ukrasom šetkale pred velikim kavezima, više žalošću. Otkrića su za decu ono što su pobede za odrasle. Tragao sam za nečim što bi mi izručilo Ostrvu u potpuni posed, što bi mi ga ekskluzivno otvorilo. Jedno jedino pero bilo bi dovoljno da ostrvo postane moje vlasništvo – i ne jedino Ostrvo, nego i popodne, i prelaz od Sakrova skelom, sve bi mi to s mojim perom potpuno i neosporno pripalo. Ostrvo je bilo izgubljeno, a s njime i druga otadžbina: zemlja paunova. I tek tada sam na blistavim prozorima u dvorištu Zamka, pre nego što ću ući u kuću, pročitao pouke koje je sunčev sjaj u njih utisnuo: danas ne treba da ulazim unutra.

Da moja bol što sam s perom koje mi je izmaklo izgubio naslednu zemlju nije bila tada tako neutešna, ni moja radost, sledećeg puta, što sam naučio da vozim bicikl ne bi bila tako velika ako time ne bih osvojio za sebe nove teritorije. Bilo je to u jednoj od asfaltiranih hala gde se, u doba kada je biciklizam bio u modi, podučavalo toj veštini koje dete danas nauči od svojih drugova, s toliko ozbiljnosti koliko se sada posvećuje vožnji automobilom. Hala se nalazila na poljani blizu Glinike; poticala je iz vremena kada sport i boravak na zraku nisu bili još neodvojivi. Tada još ni različite tehnike treninga nisu bile iznađene. Svak je, stoga, ljubomorno hteo da se od ostalih strogo razlikuje sopstvenim prostorom i izrazitom odećom. Nadalje, to rano doba sporta bilo je obeleženo činjenicom da su u sportu – naročito u ovome koji se tu praktikovao – ekscentričnosti davale ton. Otuda su se u tim halama, pored muških, ženskih i dečjih biciklova, kretali i moderniji sklopovi čiji je prednji točak bio po četiri, pet puta veći od zadnjeg i čije visoko naduvano sedište bilo platforma za akrobate koji su uvežbavali svoju tačku.

Kupališne ustanove često su nudile odvojene bazene za plivače i neplivače; tako se i u ovom slučaju moglo govoriti o podvajanju. Vršeno je, u stvari, između onih koji su morali da vežbaju na sfaltu i drugih koji su smeli da napuste halu i voze po vrtu. Bilo je potrebno izvesno vreme dok nisam mogao da pristupim drugoj grupi. No, jednog lepog letnjeg dana, prepušten sam slobodi. Bio sam u zanosu. Put je vodio preko šljunka; kaamenčići sušuštali; po prvi put nije bilo nikakve zaštite od sunca koje me je zaslepljivalo. Asfalt je bio u senci, bez obaveznih staza i udoban. Ali, ovde su vrebale opasnosti na svakoj krivini. Bicikl, premda se nije moglo kud se hoće i put se još penjao, išao je kao sam od sebe. Osećao sam se, pak, kao da nikada ranije nisam na njega seo. Njegov je upravljač počeo da očituje sopstvenu volju. Svaka neravnina oduzimala mi je ravnotežu. Odavno sam bio već naučio da ne padam, ali sada se događalo da je sila teže zahtevala nešto čega se godinama bila odricala. Posle blagog uspona, put se, bez upozorenja, sunovraćivao, a s valovitog tla se, dok sam silazio s njegovog uzvišenja, pred mojim gumenim kolutom dizao oblak prašine i šljunka. Granje me je udaralo po licu dok sam brzo prolazio, a kada sam svaku nadu da ću se održati hteo već da napustim, iznenada mi dobrohotni prag pred ulazom u halu posla znak. Srce mi je tuklo, ali s celim zaletom što sam ga dobio od padine koju sam upravo napuštao, uleteh na biciklu u senu hale. Kada sam sišao, bilo je to sa izvesnošću da je, za to leto, most u Kolhazenu s njegovom stanicom, jezero Gribnic s njegovim lisnatim lukovima koji se spuštaju prema mostićima koji služe za iskrcavanje, zamak Babelsberg s njegovim zamašnim puškarnicama i mirisne seoske bašte u Glinikeu, sve palo, bez napora, u moje ruke putem moga sjedinjavanja s valovitim terenom kao što se vojvodstva ili kraljevstva brakom padaju u ruke carske dinastije.

## MESEC

Svetlost koja sija s Meseca ne važi za pozornicu našeg svakodnevnog života. Okružje koje on nepouzdano osvetljava čini se da pripada nekoj kontra- ili paralelnoj Zemlji. To nije više ona koju Mesec prati kao satelit, nego je to Zemlja s ma preobražena u Mesečevog potrčka. Njena široka prsa čije disanje je bilo vreme, više se ne miču; konačno, stvaranje se vratilo kući i sada opet može da stavi svoj udovički veo koga mu je dan strgnuo. Bledi zrak koji je prodro do mene kroz pukotinu žaluzine, omogućava mi da to shvatim. moj san biva poremećen; Mesec ga raspolućuje svojim dolažanjem i svojim odlaženjem. Kada je on zastao u sobi i ja se probudio, istom sam bio iseljen, jer ona, izgleda, nikome osim njemu neće da pruža sklonište.

Prva stvar na koju je, tada, pao moj pogled, bile su obe kremobojene šolje umivaonika. Za dana nije mi padalo na um da se na njima ikada zadržavam. No, na mesečini, plava traka koja je obvijala gornji deo šolje bila je skandal. Oponašala je neku ispletenu traku koja prelazi preko ivice. A u stvari, rub šulje bio je nabran poput čipkice. U sredini, između obe šolje, bili su kotlići od istog porcelana i s jednakim cvetnim motivom. Kada bih ustajao iz kreveta, oni su zvečali, i to zvečanje se prenosilo na mermerni oblog toaletnog stola, te tako i na čaše i bokale, čanke i boce. No, ja sam bio srećan da usred noći koja me je okruživala opazim neki znak života – pa ma bio to i moj sopstveni odjek; zbog toga to nije bio manje znak na koga sam mogao biti ponosan i koji je čekao, kao lažni prijatelj, da me prevari u trenutku kada to najmanje očekujem. To se i desilo kada sam podigao rukom bokal da bih sipao vodu u čašu. Grgoljenje vode, šum s kojim sam najpre bokal, a onda i času odložio –

sve je to pogodilo moje uho kao ponavljanje. Jer, sva mesta te paralelne Zemlje, na koju sam bio prenesen, izgledala su da su već zauzeta. Tako su me svaki glas i svaki trenutak sretali kao dvojnici samih sebe. I ako bih tom osećanju dozvolio da me se dočepa na tren, približavao bih se svome krevetu ispunjen strahom da ću samog sebe zateći kako u njemu već ležim.

Taj strah bi minuo tek kada bih ponovo osetio dušek pod leđima. Onda bih zaspivao. Mesečina se polako povlačila iz moje sobice. I često bi ona već uronila u mrak kada bih se ja drugi ili treći put budio. Ruka bi prvo morala sebe da ohrabri da bi izišla preko grobnog ruba spavanja u kome je našla pribežište pred snom. I kao što, još posle okončanja sukoba, poneko biva katkad raznesen zaostalom granatom koja nije bila eksplodirala, moja je ruka neprestano iščekivala da se putem suoči s nekim zakasnelim snom. Kada bi je tada svetlost noći, treperava, umirila, i nju i mene, ispostavljalo bi se da nije ostalo više ništa od sveta, osim jednog jedinog istrajnog pitanja. Moglo je biti da se to pitanje nalazilo u naborima zavese koja je visila na mojim vratima radi zadržavanja spoljašnjih šumova. Moglo bni biti da ono nije bilo ništa drugo nego ostatak mnogih minulih noći. Konačno, ono bi moglo biti i naličje osećanja stranosti koje je Mesec rasprostro u meni. Ono je glasilo: zašto je, dakle, nešto na svetu, zašto svet jeste? Zaprepašćeno sam otkrivao da ništa u njemu nije moglo da me prisili da mislim svet. Njegovo nebivstvovanje nije mi ni za mrvicu izgledalo ništa upitnije od njegovog bivstvovanja koje kao da je namigivalo nebivstvovanju. Mesec je imao laku igru s tim bivstvovanjem.

Detinjstvo je bezmalo bilo za mene završeno kada je Mesec najavio, najzad, pred dnevnim licem Zemlje, svoje pravo na nju, nad kojom se on, inače, samo noću izdizao. Visoko ponad obzorja, velik, ali bled, stajao je na nebu iz nekog sna nad ulicama Berlina. Bilo je još svetlo. Moji su me okruživali, pomalo kruto, kao na nekoj dagerotipskoj slici. Jedino je moja sestra nedostajala. „Gde je Dora?" – čuo sam svoju majku da poziva. Puni Mesec na nebu poče naglo i sve brže da raste. Dolazio je sve bliže, raspolućivao planetu. Gelender železnog balkona na kome smo se svi smestili iznad ulice, raspade se u komade i tela, koja su ga naseljavala, raspadoše se i razleteše na sve strane. Levak koga je Mesec obrazovao dolaskom, usisao je sve u sebe. Ništa nije moglo da se nada da će kroz njega proći nepreobraženo. „Ako sada postoji bol, nema Boga", čuo sam se kako tvrdim, i u isti mah sam sakupljao ono što sam hteo da ponesem. Od svega toga pravim stih. On je bio moj oproštaj. „O, zvezdo i cvetu, duhu i odećo, ljubavi, bolu, vremenu i večnosti!"* Pa ipak, u času kada sam pokušao da sebe nađem u tim rečima, već sam se probudio. I tek tada se javlja užas – kojeg je Mesec u meni upravo razvio – da bi se šćućurio u meni večno, neizlečivo. Jer, to buđenje ne pruža, poput ostalih, snu njegov cilj, nego mi otkriva da mu je izmakao i da je vlada Meseca, koju sam kao dete upoznao, propala za daljnje vreme sveta.

## GRBAVI ČOVEČULJAK

Dokle god sam bio mali, rado sam, prilikom šetnji, gledao kroz one vodoravne rešetke koje su omogućavale da se zastane pred nekim izlogom čak i onda kada bi upravo pred njim bio otvoren neki šaht koji je služio da se s nešto zraka i svetla opskrbe podrumi koji su bili ispod. Podrumi nisu gledali napolje nego, pre, u podzemlje. Otuda radoznalost s kojom sam gledao dole, kroz šipke svake rešetke na koju sam baš stavio nogu, da bih iz podzemlja izneo prizor nekog kanarinca, svetiljke ili neke osobe koja tamo stanuje. To nije bilo uvek moguće. No, ako bih za dana uzalud tragao za tim prizorom, moglo se dogoditi da se noću situacija izmeni i da ja s m u snu budem uhvaćen pogledima nekoga ko me, iz tih podrumskih rupa, upravo cilja okom. Lovili su me tako

---

\* *O Stern und Blume, Geist und Kleid, Lieb, Leid und Zeit und Ewigkeit!* To je, zapravo, završni stih pesme Klemensa Brentana, *Eingang*.

gnomi sa šiljastim kapicama. No, tek što bi me od njih prošli srsi, oni bi već otišli.

Svet koji je nastanjivao te prozore za dana nije se, u mojim očima, strogo razlikovao od sveta koji je tamo, noću, vrebao u zasedi da bi me zaskočio u mome snu. Stoga sam odmah znao na čemu sam bio kada sam u svojoj *Nemačkoj knjizi za decu* Georga Šerera naleteo na sledeće mesto:

> *Kad god bih u podrum pošao*
> *Da svoga vinca nategnem,*
> *Tamo je grbavi čovečuljak bio*
> *Koji bi mi vrč šćapio.*

Poznavao sam tu žgadiju koja je bila halapljiva na štetu i kvarež, te nije bilo čudno da se u podrumu osećala kao kod kuće. Bila je „ispičutura". I odmah bih se setio one noćne bratije, Šivaće i Štrikaće Igle, koje su, onako kasno, napolju naletele na Petlića i Palčića: obe povikaše „da se brzo smrklo pa ni prst pred očima ne vide". Ono što su zatim učinile krčmarici koja ih noću primila, bilo je za njih tek zgodna šala. Ali, to me je mučilo. Grbavac je bio od istoga soja. Ipak, on mi se nije približavao. Tek danas znam kako se zvao. Moja majka mi je, i ne znajući, odgonetnula njegovo ime. „Pozdravlja te Smetenjak", rekla bi mi uvek kad bih nešto razbio ili ispustio. I sada razumem o čemu je govorila. Govorila je o grbavom čovečuljku koji me je gledao. Onaj koga taj čovečuljak gleda, biva nepažljiv. Ne pazi na sebe, a ne pazi ni na čovečuljka. Stoji smeten pred hrpom krhotina:

> *Kad god bih u kuhinju pošao*
> *Da sebi supicu zakuvam,*
> *Tamo je grbavi čovečuljak bio*
> *Koji bi mi lončić slomio.*

Tamo gde bi se on pojavio, ostajalo bi mi da gledam šta je bilo. Bilo je to zakasnelo gledanje kome su stvari izmicale, dotle da je ono što je bilo bašta tokom godine bivalo pretvoreno u bašticu, soba u sobicu, a klupa u klupicu. Stvari su se smanjivale, a to je bilo kao da im je on naticao grbu koja je sada i njih, na veoma dugo vreme, utelovljavala u čovečuljkov svet. Čovečuljak je svugde stizao pre mene. Stižući pre, preprečavao mi je put. Pa ipak, ne bi mi činio ništa, taj u sivo odeveni nadzornik, osim što bi ubrao polovicu zaborava svake stvari do koje bih došao:

> *Kad god bih u svoju sobicu pošao*
> *Da moju čorbicu pojedem,*
> *Tamo je grbavi čovečuljak bio*
> *Koji ju je već do pola posrkao.*

Tako je čovečuljak često bio tu. Jedino što ga nikada nisam video. Samo je on mene uvek video. I što je njegov pogled bio prodorniji, utoliko sam ja sebe slabije video.

Zamišljam da je onaj „ceo život", o kome se priča da umirućem, uoči smrti, proleti pred očima, sastavljen od slika kakve čovečuljak ima o svima nama. One nam se brzo ređaju pred očima poput listova čvrsto povezanih knjižica koje su nekada bile prethodnice naših kinematografa. Uz laki pritisak kreće se palac duž njihove obodne površine; tada se slike pojavljuju munjevito, tako da se gotovo ne mogu međusobno razlikovati. Brzo ređanje tih slika omogućava nam da vidimo boksera kako boksuje i plivača koji se bori s talasima. Čovečuljak raspolaže i mojim slikama. Video me je u skrovištu i pred kavezom s vidrom, u zimsko jutro i pred telefonom u mračnom delu hodnika u kući, na Pivarskom brdu s leptirovima i na klizalištu uz zvuke limene muzike, pred kutijom sa šivaćim priborom i nagnutog nad mojom fijokom, u ulici *Blumeshof* i kako bolestan ležim u krevetu, u Glinikeu i na železničkoj stanici. Sada je on završio svoj posao. Ipak, njegov glas koji podseća na zujeće pevuckanje fitilja u petrolejki, šapuće mi, nad pragom stoleća, još ove reči:

> *O, molim te, detence drago,*
> *Moli i za čovečuljka grbavog.*

## NAPOMENA PREVODIOCA

Neobjavljena za autorova života, knjiga *Berlinsko detinjstvo* nastala je, kao iz svog embriona, iz ponešto ranijeg, napuštenog projekta naslovljenog kao *Berlinska hronika* (*Berliner Chronik*). Pretežno autobiografski usmerena, *Berlinska hronika* započeta je 1932. godine, kada je Benjamin prvi put, započinjući svoja samoizgnanička i izgnanička lutanja, boravio na mediteranskom ostrvcetu Ibisa. Razlika između dva rukopisa je znatna, ali je i njihova veza očigledna. U najmanju ruku, iz *Berlinskog detinjstva* su uklonjeni svi elementi koji su se mogli neposredno odnositi na autorovu stvarnu biografiju. Izvršena je odlučna književna metamorfoza. Niz elemenata je pretopljeno ili ostalo neiskorišćeno. Otuda su iščezle i mnogobrojne reference koje su nedvosmisleno ukazivale na Benjaminova politička uverenja. Posao na preuređivanju, i maltene novom početku, *Berlinske hronike* preduzet je već s jeseni 1932. godine, i to je datum rađanja *Berlinskog detinjstva*. Pronađene su mnoge verzije rukopisa, a prevodilac je o svim dostupnim, kao i o tekstu *Berlinske hronike* (koje su dešifrovali Kiti Štajnšnajder i Geršom Šolem, i prvi put, s pogovorom potonjeg, objavili 1970. godine, *Bibliothek Suhrkamp 251*), vodio neophodnog računa.

Stihovi navedeni u epigrafu knjige nalaze se, uz izvesnu manju razliku u drugom, i na rukopisu *Berlinske hronike*. Dugo se verovalo da su citat iz nekog nama nepoznatog teksta. Međutim, zahvaljujući Šolemovom srećnom otkriću u fondu Benjaminove rukopisne ostavštine, utvrđeno je, pre dvadesetak godina, da potiču od samoga Benjamina, i da su odjek njegovog opijanja hašišom. Benjamin je, kao što je poznato, u društvu prijateljâ preduzimao, u periodu između 1928. do 1931. godine, u Berlinu i Marselju, svoje opite sa hašišom. O tim iskustvima vodio je pomno svoje zapisnike. U jednom od tih protokola, pisanom očito još pod dejstvom hašiša, zatičemo sledeće rečenice:

*Mašta se čini civilizatorskom – kao da sam*
*ponovo našao*
*Vesele Žene Vindzorske.*
*U magli Berlina*
*Berlinske bajke Gotajlove*
*O, stubu pobede pozlaćeni kao kolač*
*Zaodeven šećerom magle u zimske dane*
*Francuski topovi se naginju*
*Moje propitivanje*

Epigraf je, dakle, svakako, sačinjen na osnovu sećanja na ono što je bilo zapisano nekoliko godina ranije.

Posveta koja se nalazila na prvoj stranici *Berlinske hronike* najpre je glasila:
Napisano za četvoro mojih dragih prijatelja
Sašu Gerharda
Asju Lacis
i Frica Hajnlea

Precrtana je debelim crtama drugim mastilom. Saša je Saša Ston, čuveni crtač i fotograf (autor naslovne strane prvog izdanja *Jednosmerne ulice*), koga je tih godina Benjamin često pohodio. Gerhard je Geršom Šolem. Asja Lacis je prijateljica kojoj je posvećena Benjaminova *Jednosmerna ulica*. Fric Hajnle je bio veliki prijatelj Benjaminov iz mladosti. Pesnik, ubio se zajedno sa svojom prijateljicom, 1914. godine. Međutim, taj red posvete Šolem je, u prvi mah, bio pogrešno odgonetnuo, kao da je u njemu bilo napisano ime Franca Hesela o kome smo čitaoce već obavestili u odgovarajućoj napomeni.

Posveta je, kako god bilo, na kraju krajeva precrtana, a pored nje, opet drukčijim mastilom, napisano ime Benjaminovog sina, Stefana.

# JEDNOSMERNOM ULICOM IZ SUPROTNOG SMERA

*Nacrti, pitanja mikrologije*

Dok radi, po jednoj od svojih mladalačkih zamisli, na sistematskoj studiji o poreklu nemačke žalobne igre *(Trauerspiel)* koja je u razdoblju baroka, zauzela mesto tragedije, Valter Benjamin tokom leta 1924. godine boravi na Kapriju gde upoznaje Asju Lacis. Strasno se zaljubljuje u nju. U studiji o žalobnoj igri, najočitije u tumačenju simbola, alegorije, metaforike..., otkrivamo nesumnjivo oslanjanje na mističke teorije jezika. Po svom kvalitetu i intenzitetu, ta privrženost mističkim teorijama obećavala je još više: Benjaminovo duboko i znalačko uranjanje, nastavak njihovog razvijanja. Letonka, upravnica pozorišta, Asja Lacis iz Rige je, međutim, „ruska revolucionarka", po kasnijim Benjaminovim rečima priznanja: jedna od najznačajnijih žena koje je ikada sreo, i bez sumnje žena koju je najviše voleo. Njoj potom pripisuje svoje „intenzivno" otkrivanje „aktuelnosti radikalnog komunizma". Govori o „životnom oslobođenju, otkriću zdravlja i tela, kao i mirenju s prirodom". U svakom slučaju, blizina izvesnog utelovljenja, koje tek možemo naslućivati iz potonjih istraživačkih i spisateljskih poduhvata njegove žrtve, bila je životni element u podstreku da Benjamin segne u dijalektički materijalizam, da se opredeli za ono što će se zvati istorijska aktualnost. Preobraćenje iz mističkih teorija ili ne, u Benjaminu se odigrao izvesni preokret.

Iz preokreta u Benjaminovom životu i mišljenju proizišla je zbirka *Jednosmerna ulica.*\* Upravo kada je upoznao

---

\* *Einbahnstrasse,* izd. Ernst Rohwolt, Berlin, 1928.

Asju Lacis, fasciniran pojmom revolucije, odlučio je – kako piše 1926. godine svom prijatelju Geršomu Šolemu – da napusti nešto od svoje stare fizionomije i s novim stečenim licem prizna da se u njemu probudila volja da više ne maskira, kao što je do tada, veli, činio, aktuelne i političke vidove svoje misli, nego da ih, putem iskustva, razvija do krajnje tačke. Benjaminovo materijalističko opredeljenje, sagledamo li ga duž strogo ograničavanih putanja i vidika začetih s Marksom, ipak nije jednostavna i svršena stvar. Benjamin se izdvaja; nije tamo gde bismo očekivali da ga nađemo. Životnost i produktivnost njegovih ideja i razumevanja ne samo da ni danas ne jenjavaju nego, za razliku od većine nekada tako podsticajnih i savremenih takozvanih marksističkih dela, bivaju sve delotvornije. Neprestano se iznova otkrivaju njegovi spisi, zagonetke stila njegovg mišljenja prihvatamo kao sve dalekosežnije. Po svemu sudeći, od početka su ti spisi skrivali u sebi, rekao bih, neku dvosmislenu varijantu materijalističkog pogleda, zahvaljujući kojoj su još neophodni i novi.

Zbog Asje Lacis će, dve godine posle susreta s njom na Kapriju, putovati u Moskvu. Preduzeto putovanje i boravak u Moskvi učiniće ga maltene dvostruko nesrećnim: Asju zatiče bolesnu, u bolnici, i već ima jednog prijatelja, neposrednije obeleženog revolucijom, prema kome se, istina, odnosi pomalo kao cinična ljubavnica... a zatim, opaža tamošnju svakodnevicu, izučava ulice, uvek osetljiv na detalje uočava ih dovoljno analitički, te odgađa pomisao, rođenu na Kapriju, mada ga je ona i ranije donekle užasavala, da stupi u komunističku partiju, ali odlaže i donošenje bilo kakvog konačnog suda. U predgovoru za posmrtno objavljeni Benjaminov *Moskovski dnevnik* Šolem govori, čak o beznađu. To je možda preterano, ali prijatelj je, pojačavajući, neke nijanse dobro istakao.

Sastavljen od paradoksa, mislilac paradoksa istorije, Benjaminovo pozivanje na komunizam se može, docnije, tumačiti i narastanjem nacizma, čije je poreklo shvatao delimično kao i drugi njegov bliski prijatelj, Bertolt Breht, ili pak takođe bliski mu Teodor V. Adorno u svojoj kritičkoj teoriji društva: kao učinak kapitalističke povesti. Benjamin je, zapravo, tražio lek. Nije njegovo traganje bilo marksističko, ako se već može govoriti o izvesnom materijalizmu. Bilo je najpre nostalgija, osobena melanholija. To je iznutra razgrađivalo njegovo „komunističko opredeljenje" bez marksizma. Traganje je bilo gotovo medicinsko, ali nošeno dvosmislenostima svakog konačnog isceljenja. U tome je slikovita njegova nagoveštena koncepcija istorije. Po rečima Pjera Misaka koji se u Parizu, posredstvom Žorža Bataja, združio s Benjaminom uoči drugog rata, zbog te koncepcije nadevali su mu nadimke „marksistički rabin" i „mesijanski materijalista". Nikada se, međutim, nije učlanio u komunističku partiju, pa ni u neku drugu, niti je, kao Jevrejin, emigrirao u Palestinu. Nije se, zapravo, odlučio ni za jedan od puteva svojih najintimnijih i tako međusobno oprečnih prijatelja, Šolema i Brehta. Učeći se o čežnji prema izgubljenom na romanu Marsela Prusta, njegovo traganje se može opisati – kako je rečeno prilikom velikog razgovora o Benjaminu, 1983. godine, u Parizu – gotovo kao „traganje za izgubljenom revolucijom". Sada je to ponovo nađeno traganje izgubljenog za izgubljenom i, tačnije, nikada nađenom revolucijom.

Ne možemo promašiti kada je reč o Benjaminovom pogledu na istoriju. Dočaravaju ga ukratko *Teze o filozofiji istorije,* napisane (biće to sticajem) potkraj Benjaminovog života. U jednoj od teza komentariše crtež Paula Klea, nazvan *Angelus Novus:* istorija je zbir ruševina, napredak – strašna oluja koja ruši sve pred sobom i za sobom. To je pesimistička vizija koja izvire iz mističkog duha. Uprkos posredničkoj ulozi Asje Lacis na Kapriju, Benjaminov preokret, tad, na „proletersku utopiju" izgleda nije bio potpun, i u ma kojoj meri se odigrao – njegova priroda ima svu zagonetnost unutrašnje borbe. Nova fizionomija, da, ali *Jednosmerna ulica* je – kako njen autor piše godine kada se knjiga pojavila, posle svog moskovskog iskustva, Hugu fon Hofmanstalu – i „svedočanstvo o unutrašnjoj borbi". Benjaminova istovremeno stvarna i izmišljena ulica iz knjige dobila je, kako čitamo u posveti, ime po onoj koja ju je probila u piscu, probila je kao tunel, poput nekog rušilačkog inženjera koji prekraja postojeću mapu grada. Asja Lacis je bila, u najboljem smislu, subverzivni inženjer. I upravo nam subverzija, bliže nego konverzija (preobraćanje), tačnije evocira poligrafsku bit *Jednosmerne ulice*. Ono što Benjamin prima iz strasnog susreta sa Asjom čini ga subverzivnim misliocem čija zbirka „fantazija", zahvaljujući upravo svojoj subverzivnoj zasejanosti, dobija višestruki i trajni istorijski smisao. Smisao se tu razgrađuje, da bi iznova, u neočekivanom rasporedu, bio sagrađen od otpadaka posle rušenja, probijanja ulice u jednom duhu i jednoj viziji istorije koja još čeka svoga teoretičara u Benjaminovom tragu. Možda će to biti teoretičar fragmentacije u istoriji. I on izučavalac odlomaka i kratkih senki stvari na koje su podjednako, kao melanholični posmatrači sunca u zenitu, ukazivali Niče i Benjamin. Dok takva teorija istorije ne bude formulisana, neće biti jezika kojim se može voditi razgovor s povešću kao večnoj katastrofi čiji kraj anđeo uništenja neprestano odlaže. U tom odsustvu niziraće Benjamin ponešto od prirode svoga pisanja.

Istorija je, po Benjaminovim *Tezama...*, samo večna katastrofa koja od narastajućih ruševina podiže neprelaznu prepreku između nas i (umišljenog?) raja apsolutne rešivosti, sinteze, identiteta.

*Poreklo nemačke žalobne igre* završiće Benjamin u proleće iduće godine, nakon presudnog susreta na Kapriju. Rad je trebalo da bude autorov habilitacioni spis koji bi mu otvorio univerzitetsku okovanu kapiju, ali mu taj pokušaj, komentarisaće Benjamin akademski udes svoga rada, da „po drugi put ispriča bajku o Trnovoj Ružici" nije prihvaćen. Posle mnogih teškoća, knjiga se pojavljuje u Berlinu početkom iste godine kada će biti objavljena *Jednosmerna ulica*, i kod istog izdavača\* Autor ju je posvetio svojoj ženi. Rođen 1892. u Berlinu, u svojoj dvadeset petoj godini oženio se Dorom Polak. Posveta je iz 1925. godine. Spoljašnji znakovi njegovog preokreta iz prethodne godine: počinje da piše *Jednosmernu ulicu*, odustaje od zaludnog čekanje pred univerzitetskim „zakonom" i, zbog Asje, razvodi se od žene. Počinje drukčije da gleda i na sve što je pisao pre nego što je, ili u momentu kada je počeo drukčije da gleda. Jedva da je minulo tri godine od objavljivanja *Porekla...*, a Maksu Rajhneru će izjaviti da kada je to delo sa-

---

\* *Ursprung des deutsche Trauerspiels*, izd. Ernst Rohwolt, Berlin, 1928.

stavljao još nije shvatao ono što će mu navodno ubrzo postati jasno: da je njegovo posebno stanovište o filozofiji jezika povezano sa stanovištem – dijalektičkog materijalizma. Povezano, dodaće doduše: „premda problematično" povezano. U bitnome oslonjeno na mističke teorije, *Poreklo*... ne sadrži, međutim, ni traga od onoga što bi on u njemu, „premda problematično", da vidi kao svoj tajni dosluh. Slab bi odgovor bio da je reč o pukoj samoobmani. Drukčiji Benjaminov pogled nije bez verodostojnosti, ali je moramo potražiti u „problematičnosti" naknadno viđenog i želje koja se subverzivno probija u pogledu. Ta „problematičnost", ukazujući na *Poreklo nemačke žalobne igre*, zapravo aludira na *Jednosmernu ulicu*. Kao što Asja Lacis probija novu „ulicu" u Benjaminu, izazvana želja, menjajući svoju perspektivu od prve na drugu ženu, sučeljavajući oprečne naboje iz posveta u obe knjige, probija novu putanju u Benjaminovom pogledu. Ta igra perspektiva i oprečnih naboja želje za simptomom bira upravo „problematičnost" koja čini da u Benjaminovoj „novoj fizionomiji" ni dijalektički materijalizam nije ono što, počev od Marksa, inače jeste. Rekao bih: srećom, i zato danas čitamo *Jednosmernu ulicu* koja iziskuje od nas produktivno oklevanje pred svakim konačnim određenjem i razvrstavanjem šta jeste Benjamin, te neprekidno vođenje računa o aktualnoj imaginaciji koja je na delu u konstrukciji ove ulice. Konačno, i završni tekst zbirke upućuje na planetarnu narav Benjaminove mislilačke imaginacije, što ga, s pitanjima tehnike i grčkog iskustva prirode, može učiniti, umesto Marksu, bližim Martinu Hajdegeru koji, u času dok nastaje *Jednosmerna ulica*, dovršava *Bivstvovanje i vreme*, sa artikulisanjem nacrta gotovo istovetnih pitanja.

Neće više da maskira izvesne vidove svoje misli „aktualne i političke", nego će ih razvijati do krajnje tačke. Kako? U istoj rečenici iz već navedenog pisma Šolemu 1926. godine odmah odgovara: putem iskustva. Ali, ono što se razvija do krajnje tačke u *Jednosmernoj ulici*, nekako iskosa, upravo je sam pojam iskustva. Iskustvo je, pravo govoreći, bilo do tada potisnuti „aktualni i politički" vid Benjaminove misli. I nit razvijanja iskustva jedna je od onih koje svojim diskontinuitetom premošćavaju isprekidanosti njegovog pisanja. Ona započinje još od mladalačkog čitanja Imanuela Kanta, naročito *Kritike čistoga uma*. Benjamin od Kanta prihvata okret prema neposrednom istraživanju prirode stvarnosti koje se izvodi tek kao istraživanje našeg iskustva te stvarnosti. Ispod iskustva, shvatanog pak kao popis čulnih slika, uređivan po izvesnim opštim pravilima, Benjamin bi da ide dublje, da segne dalje od Kanta, tragajući za višim pojmom isksutva. Benjamin se osvrće za dijalektičkim materijalizmom tek kao polugom za takvo traganje koke, već po skrivenoj formulaciji projekta, čuva u sebi mističke elemente. Takav uvid ne uzimajmo kao kritički prekor. Šolem se, iz doba mladalačkih traganja put iskustva, seća razgovora u kome je Benjamin u svoj pojam iskustva uključivao „mentalne i psihološke spone između čoveka i sveta u područjima do kojih još nije doseglo ljudsko saznanje". Ne uključuje li ta koncepcija iskustva, uzvratio je Šolem, onda i gatalačke discipline? Benjamin: „Filozofija koja ne uključuje i ne može da objasni mogućnost gatanja čak i iz taloga kafe – ne može biti istinita." Iskustvo za pisca *Jednosmerne ulice* važno je ne kao neka alternativa naučnom saznavanju već po sebi po sopstvenom pravu. Senka tako viđenog iskustva promiče kod Benjamina sve do Teza o filozofiji istorije, jednog od njegovih poslednjih zapisa. Kantova shema izobličena, ali prisutna. Izgrađivani viši pojam iskustva obezbeđuje, u *Jednosmernoj ulici,* prelaz od subjektivnosti njenog pisca u novoprimljeni oblik neočekivane objektivnosti njegove refleksije. U shemi tog prelaza, pojam iskustva nije lišen narativnosti koja stilski i temeljno potresa sistematski filozofski govor. Usamljena misao koja luta odjednom popušta, i na njenom mestu nalazimo sada, uz oštrinu podnevnih senki, samu viđenu stvar, dokument, otkrivalački detalj. Otkriva nam se srodnost pojava, ali ne kao učinak subjektivnosti, nego kao svojstvo samih stvari, kao – po rečima Žana Lakosta, francuskog prevodioca *Jednosmerne ulice* – neko čarobno svojstvo koje inače izmiče razumu.

Počev od svog životnog preokreta na Kapriju, Benjamin je, putem iskustva, načinio nezaboravan skok: iz „ledene pustinje apstrakcije" dospeo do „konkretnog filozofiranja", kako će se, u predgovoru *Negativne dijalektike,* podsetiti

Adorno na Benjaminove kritičke reči iz 1937. godine. Život je, kod Benjamina, urastao u teoriju, kao što će, potom, ta teorija u mnogo čemu prerasti u nomadski i gatalački Benjaminov život. U njegovim mislima i pisanjima, i najbanalniji detalj je poprimao značaj. Svuda je dobijao na presudnosti. U malim stvarima je prepoznavao oluje, baš kao što je nekada mislio i Kant čiju je shemu o srodnosti pojava gotovo spontano razvijao u stilu pisanja, upečatljivo oživopisujući mišljenje subjektivnim spregama u objektivnom. Sazdavao je svoju mikrologiju. Njen uspon počinje s *Jednosmernom ulicom* i nastavlja se, u beskonačnom radu fragmentacije, s prvim zapisima i odlomcima iz tog vremena (tačnije, 1927. godine) koji sačinjavaju hiljade stranica rukopisne ostavštine s naslovom *Passagenwerk*, nezavršeno Benjaminovo delo o pasažima. U Uvodu *Negativne dijalektike*, Adorno opet ne može bez Benjamina: govoreći o prvim nacrtima za *Passagenwerk*, smatra da je njegov nesrećni prijatelj „povezao besprimernu spekulativnu moć s mikrološkom blizinom stvarnim stanjima." Adorno spominje i pismo u kome je Benjamin o tom prvom „metafizičkom sloju svoga rada" sudio da ga je moguće nadmašiti samo „nedozvoljivo 'poetski'". Pitanje je da li je to uopšte izjava o kapitulaciji, kako će zaključivati Adorno, tvrdeći uz to da je Benjaminov „defetizam prema sopstvenoj misli uslovljen ostatkom nedijalektičke pozitivnosti što ga je iz teološke faze vukao za sobom, bez izmena u obliku, u materijalističku". Benjamin nesumnjivo prelazi granice što ih sebi zadaje filozofija, a kojih bi Adorno očajnički da se drži. Rad fragmentacije zasnovan je na nedozvoljivosti u meri u kojoj filozofski govor potiskuje „poetske" postupke prevazilaženja. Filozofija kod Benjamina biva nešto drugo. Ne samo da je „tamo više od pukog pogona gde se izlaže totalnom neuspehu", po Adornovim rečima vezanim za Benjaminov poduhvat o uličnim pasažima, nego drukčije ne može opstati a da ne bude stalno „totalni neuspeh", uvek nešto drugo „nedozvoljivo 'poetski'" od onoga što joj propisujemo da jeste. U tome će biti jedan od mogućih smislova ustrajnog nezavršavanja dela, Benjaminovog ustrajavanja na odlomcima i poliperspektivizmu; to je čitav jedan

„filozofski bazar" po Ernstu Blohu (u zbirci *Baština ovog vremena,* 1935), pravi benjaminovski „kabare".

Trebalo bi videti tipografiju originalnog izdanja *Jednosmerne ulice.* Na koricama je već fotografska montaža. Unutra vlada prava grafička buka ulice. Slova iz naslova reprodukuju slova iz malih novinskih oglasa, agresivna ulična pozivanja, šok reklamnog plakata firme trgovina stranom robom, ploče sa zvaničnih ustanova, ulične brojke... U zbirci je sve izmešano: aforizmi, mikrosociološke analize, snovi, cinični recepti, metaforičke transfiguracije, šale... I sva je to prožeto ironičnom lucidnošću autora koji zahvata u haos istorije. Knjiga-ulica. Pisanje-šetanje. Duh detinjstva i detinjstvo duha. Živopisni analitički pogledi. Kao što je na omotu istaknut primerak fotografske montaže Saše Stona, i iskričavi tekst knjige je montaža detalja izvedena u nadrealističkoj tehnici koja zbunjuje i mami mešanjem prespektiva i konstruisanjem bizarne panorame naoko raznorodnih stvari. Zapisi u *Jednosmernoj ulici* su poput minijaturnih karata čijim slaganjem, mozaički, dobijamo prikaz ogromnih teritorija sveta. U ovoj montaži, koja otkriva „demonske" analogije, ništa nije dato unapred. Rezultat se nikada ne može pogoditi na osnovu datih pretpostavki. Montažom implikovani smisao istorije nije, naime evolutivan. To je gatanje o kome se govori u zapisu „Madame Arijadna": stupivši na tlo Kartagine, Scipion u trenu, spotaknuvši se, katastrofu pretvara u njenu suprotnost.

Kao da je pred nama zbirka slučajnih otkrovenja, slučajnih susreta i izgatanih igara slučajnosti. Pisanje je kockarska delatnost. Rulet. Benjaminov rad fragmentacije odgovara ruletu života i istorije, bar kako ga vide pisac *Jednosmerne ulice:* fragmentacija sledi slučaj gde nikada unapred ne znamo šta će izići: crveno ili crno. Slede znamenja učitana u detaljima onde gde je svako „ubeđivanje jalovo", jer ishodi iz utopijskih sinteza, iz iluzija da išta može biti rešeno.

Iskustvo je kod Benjamina „zaposleno" na iznalaženju „neviđenih srodstava" među stvarima. Ispitujući znakovlje i odgonetajući istoriju, Benjaminovo ulično bazanje, pasažiranje mišljenja zahteva od čitaoca drukčiji stav od onog pred tekstovima-sistemima: *Jednosmerna ulica* očekuje od njega da je iskusi putem sopstvenog iskustva, da sa svoje strane, šetajući njome, čitajući, „zaposli" sopstvenu intuiciju. Po tome što traži od čitaoca, kad je reč o jeziku, Benjaminovo saznanje je blisko Vitgenštajnovom. Ono što piše za ogroman niz fragmenata nezavršenog *Passagenwerk,* važi i za *Jednosmernu ulicu:* „Metoda ovog dela: književna montaža. Nemam ništa da kažem – jedino da pokažem." Ostalo počiva na čitaocu; od njegove prijemčivosti zavisi hoće li mu lično nešto kazati asocijacije izazvane pokazanim.

*Poreklo nemačke žalobne igre* je jedino Benjaminovo sistematsko delo, i kao takvo plan iluzije o završenosti. Osim njega, posle njega, iskrsavaju samo eseji i nižu se odlomci. Osobenom iskomadanošću, svojim hiljadustrukim licem, njegovo se pisanje opire, pa i suprotstavlja svakoj monolitnoj i globalnoj interpretaciji. Rad fragmentacije bio je teret kojeg je nosio ušavši u „Jednosmernu ulicu", celog svog života. To je zahtevalo izuzetnu snagu, izdržljivost za kakvu nije kadar duh koji, u svojoj slabosti, vrhunsko zadovoljstvo nalazi u spravljanju konačnih zaključaka. Valja u „nedopustivom" pisanju biti tako da se nikada i ništa ne okončava. Ne zatvarati, otvarati. Konačno delo je tek „posmrtna maska osnovne zamisli", govorio je, videći u fragmentu nešto nadmoćno „univerzalnom i pretencioznom gestu knjige". I ništa nije završavao, jer – pisao je Šolemu – ono što piše pretpostavlja izvesnu teoriju istorije koja još ne može biti formulisana. Ideje koje je mislio, bez te teorije, morale su otuda već u sebi biti nezavršene. Iz ljubavi prema konkretnom detalju, istorizujući iskustvo, odsustvo nemoguće teorije zamenjivao je pripovedanjem: umesto za roman, čije je mesto rađanja video u usamljenoj jedinki koja, bez moći da u uzornu formu prevede ono što je u njoj najsuštinskije, ne ume više da daje ni da prima, izabirao je priče kao čin hiljada reči koje su ljudi izgovorili tokom svoje povesti, noseći otuda sa sobom izvesnu drevnu mudrost. Deo tog rasutog obilja anonimnih pripovedača, kojima je bio sklon, našlo je u njegovim tekstovima pravo mesto pored elemenata jevrejske mistike, otpadnički shvaćenog materijalizma, svakojakih subverzija... Nemoguće ih je do kraja definisati, budući da su sve odjednom. To su koraci melanholičnog šetača koji je zalutao u ulicama i pasažima, ali zbog toga ni najmanje ne mari; štaviše, kad god bi u nečemu, tokom lutanja, prepoznao učinak otuđenja, nije time bio manje fasciniran. Znao je da je katastrofa već upisana, svojim znamenjima, u stvarima i ljudima, da je već počela pre nego što je uočena. Zahvaljujući toj dvosmislenosti u njegovim koracima, zagonetnost u nekim od njegovih tekstova, tako jednostavnih, nalikuje „ključu za bravu na vratima koja još uvek ne umemo da pogodimo".

Benjaminovo pisanje nije „serijska roba". Uvek je negde u njemu neki tajni znak, neprimetni znak koji ga razlikuje. „Nije presudno kretanje od saznanja do saznanja" – piše uz jedan citat o „tajnom znaku" – „već neka tanana naprslina u svakom pojedinačnom saznanju". Otklon, iskliznuće, „znak autentičnosti".

U izgnanstvo je, kao nemački Jevrejin, pošao 1933. godine. Većim delom ga provodi u Parizu. Artur Kestler spominje da je s Benjaminom (obojica iskusni kušači raznih droga) podelio poslednju zalihu morfijuma. Prvi uspeva da iz Francuske pređe u Englesku. Benjamin pak, pušten iz logora u Južnoj Francuskoj, u koji je 1939. godine bio interniran, polazi s torbom punom rukopisa, u maloj izbegličkoj grupi, peške u Pirineje, na špansku granicu. Tamo im, godina je 1940., stražari prete da će ih vratiti u Nemačku. Iste noći, Benjamin uzima veliku dozu morfijuma koju je stalno nosio sa sobom...

Asja Lacis? Ona čije ime nosi Benjaminova *Jednosmerna ulica*, mnoge godine će proboraviti u sovjetskim logorima. Kada je retkom srećom u ruletu života i istorije, iz njih izišla – ćutaće, do smrti. Ako o tome Benjamin ništa nije slutio, to je znao anđeo uništenja iz njegovih *Teza o filozofiji istorije*, govoreći nam uvek vidovito, iz teksta kao gatajući u kabinetu Madam-Arijadne, u ime onoga čija *melanholična panika* biva dragoceni znak među ruševinama, u istorijskoj zbilji, prošlim, sadašnjim i budućim.

*O Benjaminovoj biblioteci*

Geršom Šolem, u *Vernosti i utopiji:*
„Njegova biblioteka, koju sam dobro poznavao, verno je odražavala različite crte jedne složene ličnosti. Tu su de-

la koja je smatrao velikim, stajala – u željenom neredu – pored retkih i dragocenih knjiga kojima, sa strašću filozofa starinara, nije bio manje privržen. U pamćenju su mi ostala urezana dva odeljka: dela što su ih napisali ludaci i dečje knjige. Svet ludaka, o kome je govorio u ne znam kojem od svojih tekstova, nadahnjivao ga je u razmatranjima o sistemima uopšte, o njihovoj strukturi i fenomenu asocijacije ideja koji ishranjuje mišljenje i maštu svih bilo normalnih ili bolesnih ljudi.

Još privrženiji je bio svetu dečjih knjiga. Tokom celog njegovog života, svet detinjstva nije prestajao da ga opčinjava svojom magijom, a za to je skopčana jedna od crta koje najbolje karakterišu nekog čoveka. Tome se neprestano okretala njegova refleksija, a tekstovi koje je posvetio deci spadaju među one najizvedenije koje je stvorio kakvi su čudesne stranice njegove aforističke zbirke *Jednosmerna ulica* ili, još osobeniji, osim nesumnjivo najdivnijih ikada rečenih napomena o poštanskim markama, eseja posvećenih izložbama dečjih slikovnica. Još netaknutom svetu detinjstva i njegove stvaralačke mašte pristupao je kao metafizičar, sa očaranošću koja budi poštovanje i ume da prodorno opisuje sve."

## *Berlinsko dete ili o nemoći*

*Ne pokušavajte da razumete; budite filozof.*

Rihard, kelner u *Romanisches Café*,
Berlin, 1922.

U jednom od svojih tekstova, sada u posthumnoj zbirci *Berlinsko detinjstvo*, Valter Benjamin iznosi kinesku pričicu o starom slikaru koji je pozvao prijatelje da im pokaže svoju najnoviju sliku koju je načinio. Na slici je divni istočnjački vrt kroz koji, duž potoka, promiče puteljak, zalazi u šumarak, pomalja se iz njega i vodi do vrata neke kućice. Kada su se prijatelji, nagledavši se i nauživajući, okrenuli od slike, staroga majstora već nije bilo s njima. Nestao je...

Tokom svoga života Benjamin je šetao ulicama mnogih gradova, i ostavio nam lične tumarajuće analize Pariza,

Marseja, Moskve... U tekstovima *Berlinskog detinjstva* pred nama je Benjaminov Berlin s početka XX stoleća. A kao prvi tekst – mada on to nije, hronološki, po svome nastanku\* – u toj zbirci uzima se zapis o lutanju deteta po najpoznatijem berlinskom parku *Tiergarten*. Taj tekst nam sugeriše: grad je zagonetka i valja naučiti da je odgonetamo; njegovu prirodu, pokatkad preteću, moramo istraživati. Lutati po gradskom lavirintu za Benjamina je umetnost u kojoj je će on biti majstor. U tu se umetnost mali Benjamin najpre upućivao tokom svojih avantura po berlinskom parku i po egzotičnim krajevima svoga rodnog grada.

No, iako u tekstovima *Berlinskog detinjstva* sve izgleda kao čedna detinja pustolovina (nevino sećanje, spontano i samootkrivalačko), izvesnim drhtajima prožeto je njeno ispisivanje. Ne smemo, naime, kada te drhtaje naslutimo, da bismo ih razumeli, zaboraviti kada su nastajali ti tekstovi. Od leta 1932. godine do leta 1933! Pa su i obeleženi dvostrukim znakom. Rođeni su, kako kaže piščev prijatelj Geršom Šolem, u znaku samoubistva (V. B. ima tada četrdeset godina) i u znaku nacizma, a oba se znaka pri tome, u Benjaminovom životu, stapaju u jedan. Upravo bi i cela zbirka o kojoj je reč mogla biti osobena zbirka svakojakih znakova. Benjamin se vraća u detinjstvo, između ostaloga, i zbog toga da bi u svojim uspomenama pronašao znamenja katastrofa koje su se već dočepale njegovog života. Sećajući se i pišući, on *gata*. I drhtaji koje prepoznajemo u tekstovima jesu drhtaji predosećanja progonâ i smrti. Ovaj mistički pogled koji se nedri u *Berlinskom detinjstvu* biva potkrepljen i koncepcijom istorije kakvu će Benjamin – nekoliko godina potom, uoči smrti, kad više ništa nije video *pred* sobom osim ruševina u koje je, pak, njegov „anđeo uništenja", „anđeo istorije", sa crteža Paula Klea, gledao već, užasnuto (?), *za* sobom – izložiti u tezama *O pojmu povesti* (*Über den Begriff der Geschichte*, 1940), u kojima bismo, bar u tragu, mogli očitati i izvesne mesijanske tragove. Sećajući se i pišući,

---

\* Prvi je zapravo Božićni anđeo, objavljen 24. decembra 1932. godine u listu *Vossische Zeitung*. Većinu tekstova iz zbirke Berlinsko detinjstva Benjamin će, međutim, objaviti u listu *Frankfurter Zeitung,* počev od maja 1933. godine, i to, tada već razumljivo, pod pseudonimom Detlev Holc *(Detlef Holz)*.

on bi maltene da vidovito preobrazi, ne bez unutrašnjeg rizika, u kojem će i izgubiti, dajući svome porazu neprotumačivu višesmislenost, s mo srce katastrofe. Traganje za znamenjima i putokazima nije ovde nikakvo traganje za „izgubljenim vremenom" (čijeg je romanopisca Benjamin, inače, simptomatično, prvi prevodio na nemački jezik), već istraživanje propuštenih šansi koje su ostale zatomljene u detinjstvu, izneverene od strane budućnosti koja ih nije realizovala. Dete je verovalo da u stvarima koje je sakupljalo, u rečima koje je iskrivljavalo, u raznolikim aktivnostima koje je otkrivalo, u svojim pustolovinama, revoltima, igrama, naslućuje zagonetku koju će, docnije, odraslo biće ostaviti bez odgonetke, kaže Žan Lakost. Da, Benjamin je želeo da evocira još jednom nadu u sreću, štaviše uverenje da je sreća neminovna, onaj delatni duh kojeg je odrasli naprosto pristao da zaboravi. I u tekstovima *Berlinskog detinjstva* iznalazimo obećanje života koje, tokom života, onda nije održano. Benjamin je mislilac, više od ijednog za kojega znam u XX veku, neodrzanog obećanja, mrtvorođenog. A subjekt toga mišljenja biće, u ovom slučaju, ne mišljenje detinjstva nego samo detinjstvo mišljenja u novoj modulaciji kakvoj nas ništa još ne može podučiti kod predsokratovskih mislilaca gde smo tražili, u perspektivi istorije i njenog navodno jedinstvenog iskona, uzorno stanje istog mislilačkog iskustva. Istorija je, za Benjamina, poraz, jedna jedina katastrofa koja nam, kao svoj setni postskriptum, može jedino ostaviti ruševine, i nas, neprebolno poražene, usred tih ruševina. To nam je ovde sugerisano iz razlike detinjstva mišljenja i njegove zrelosti, iz razmimoilaženja obećanja i zaborava, te neispunjavanja obećanja.

Čitajući, melanholično, zapise u ovoj zaboravljenoj i prećutkivanoj knjizi iz koje iskrsava još nemišljeni oblik mišljenja, zapazićemo da njihov autor, iz svoga iskustva odraslog, biva svestan, i sve svesniji, i s tim očajniji, da i dete je žrtva katastrofe nalik onoj u kojoj će pokleknuti odraslo biće. Dete *odrasta*. I to odrastanja se odvija diskontinuirano, baš kao što je i kakvo „napredovanje" same istorije, skačući od nesreće do nesreće, izbegavajući jednu, upadajući u drugu propast. Na račun svojih sličnih katastrofa, dete i odrasli sklapaju nemi, podrazumevani pakt onih koji su izgubljeni. To je sporazum nemoći. Čovek žmuri pred haosom, kuje iluziju o kosmosu. Dete nazire pretvaranje svojih mikrokosmosa u mikrohaose. Taj sporazum duboko motiviše i artikuliše Benjaminovu apokaliptičku mikrologiju. Ono što dete već predoseća, odrasli nesumnjivo zna, ne hoteći da zna: „Nema tog dokumenta kulture koji nije, istovremeno, dokument varvarstva."

U *Berlinskom detinjstvu* Benjamin će posebno istaći svoja opsećanja detinjih pobuna, neposrednih ili u snovima i lukavstvima. No, to su, po autorovim ilustracijama, tek pobune nemoći, revolt sušte slabosti. Dete im se uči. Benjamin bi želeo: da im se uči, da prolazi, u svojim štivima, gradskim tumaranjima, na biciklu, peške, u svome lovu na leptirove, u svojim prvim seksualnim saznanjima, da teče, naime, svoju inicijaciju u krajnjoj nemoći kao „jedinoj šansi za spasenje". Nešto različito i drugo je tada nazrelo dete. I to će izgubiti. I to će biti izgubljeno za nas. Tu šansu nemoći istorija ne prihvata. Te šanse se odrasli odriče, pa se u zaboravu – opredeljuje ili, tačnije, povinuje pukoj bespomoćnosti. Nemoć koju živi, nemoć je bez šanse koju je Benjamin pripisivao detinjoj inicijaciji, ali kao nečemu takoreći neuništivom. U svojoj, pak, nemoći Benjamin je izabrao da izbavi nešto, u tekstovima *Berlinskog detinjstva*, od detinje inicijacije u priču o nemoći. Kao da je izbavljao iz požara, sa razočaranjem ali i neobjašnjivom vedrinom (najverovatnije oslonjenom o vitalno uverenje o neuništivom), sa odgovornošću prema nagorelom, i prema pepelu u nama na koje je odlučio, pišući, da pazi kao na odgovornost prema spaljenim elementima minulog, elementima zaboravljenog, te elementima izgubljenog gradiva budućeg.

Stari slikar iz kineske priče je nestao. Njegovi prijatelji ga tada ugledaše na slici. Udaljavao se krivudavom stazicom, na časak iščezao u gaju, a onda se pred kapijom kućice okrenuo, osmehnuo, mahnuo prijateljima koji su ga gledali, usredsređeni na njegovu sliku, otvorio kapiju i zauvek ušao u kuću iz sopstvenih želja, fantazija ili sećanja. Starog slikara je Benjamin prepoznao iz sopstvenih želja, lutalačkih fantazija ili sećanja. U starom slikaru, posle *Berlinskog detinjstva*, mi prepoznajemo Benjamina koji ulazi u svoje detinjstvo.

Jovica Aćin

# SADRŽAJ

## JEDNOSMERNA ULICA

Benzinska pumpa .............................. 7
Izba gde se doručkuje ......................... 7
Br. 113 ....................................... 8
Za muškarce .................................. 10
Časovnik koji pokazuje tačno vreme ............ 10
Vrati se! Sve ti je oprošteno! ................ 10
Luksuzno namešteni desetosobni stan ........... 10
Kineski proizvodi ............................. 11
Rukavice ..................................... 12
Meksičko poslanstvo .......................... 13
Ovi zasadi povereni su zaštiti publike ........ 14
Gradilište ................................... 14
Ministarstvo unutrašnjih poslova .............. 15
Zastava... ................................... 16
... na pola koplja ........................... 16
Carska panorama .............................. 16
Javni radovi ................................. 22
Frizer za zahtevne dame ...................... 23
Pažnja, stepenice! ........................... 23
Zakleti računoispitač ........................ 23
Nastavna sredstva ............................ 25
Nemci, pijte nemačko pivo! ................... 26
Zabranjeno lepljenje plakata! ................ 26
Br. 13 ....................................... 30
Oružje i municija ............................ 31
Prva pomoć ................................... 32
Unutrašnja arhitektura ....................... 32
Prodavnica papirne robe i pisaćeg pribora .... 32
Galanterijska roba ........................... 33
Uvećavanja ................................... 34

Antikviteti ........................................ 37
Časovnici i zlatarije ............................. 39
Lučna svetiljka ................................... 40
Loggia ............................................ 40
Biro za nađene stvari ............................ 41
Stajalište za najviše troje kola .................. 41
Spomenik poginulim u ratu ........................ 42
Javljač požara .................................... 43
Uspomene s putovanja ............................. 43
Optičar ........................................... 46
Igračke ........................................... 46
Poliklinika ....................................... 51
Stanovi za iznajmljivanje ......................... 52
Kancelarijski materijal ........................... 53
Paketi: slanje i pakovanje ........................ 53
Zatvoreno zbog preuređenja ....................... 54
„Augija" – samoslužni restoran ................... 54
Kiosk za prodaju poštanskih maraka ............... 54
Si parla italiano ................................. 57
Tehnička prva pomoć .............................. 58
Sitna roba ........................................ 58
Poreski savetnik .................................. 59
Pravna pomoć za siromašne ........................ 59
Noćno zvonce za lekara ........................... 60
Madame Arijadna drugo dvorište levo .............. 60
Garderoba za maske ............................... 62
Kladionica ....................................... 63
Pivnica s nogu ................................... 64
Pristup zabranjen prosjacima i torbarima! ........ 65
Prema Planetarijumu .............................. 66

## BERLINSKO DETINJSTVO

*Tiergarten* ...................................... 71
Carska panorama .................................. 75
Stub Pobede ...................................... 77
Telefon .......................................... 79
Lov na leptirove ................................. 80
Odlazak i povratak ............................... 82

Zakašnjavanje .................................. 84
Zimsko jutro ................................... 84
Ugao Šteglicove i Gentinove ulice ................. 85
Ostavka ....................................... 87
Buđenje seksa ................................. 88
Vest o smrti ................................... 90
Pijačna hala na Magdeburškom trgu ................ 91
Skrovišta ..................................... 92
Dve zagonetke ................................ 93
Vidra ......................................... 94
*Blumeshof 12* ................................. 96
Kumarelena ................................... 100
Boje .......................................... 103
Društvo ...................................... 104
Kutija sa slovima .............................. 107
Vrteška ....................................... 108
Majmunsko pozorište ........................... 109
Groznica ...................................... 110
Dve kapele limene muzike ....................... 114
Knjižurde ..................................... 116
Učenička biblioteka ............................ 117
Novi nemački prijatelj mladosti ................... 120
Sablast ....................................... 120
Pult .......................................... 122
Božićni anđeo ................................. 124
Ormari ....................................... 126
Prosjaci i kurve ................................ 129
Zimsko veče ................................... 131
Kutija za ručni rad ............................. 131
Nesrećni udesi i zločini ......................... 134
Lođe ......................................... 137
Krivudava ulica ................................ 140
Ostrvo paunova i glinike ........................ 141
Mesec ........................................ 144
Grbavi čovečuljak .............................. 146

Napomena prevodioca .......................... 149
*Jovica Aćin:* Jednosmernom ulicom iz suprotnog smera .. 151

Valter Benjamin
JEDNOSMERNA ULICA
BERLINSKO DETINJSTVO

*

Glavni urednik
JOVICA AĆIN

*

Lektor
MIIROSLAVA STOJKOVIĆ

*

Grafički urednik
MILAN MILETIĆ

*

Korektor
MILADIN ĆULAFIĆ

*

Nacrt za korice
JANKO KRAJŠEK

Realizacija
ALJOŠA LAZOVIĆ

*

Izdavačko preduzeće
RAD
Beograd, Dečanska 12

*

Za izdavača
ZORAN VUČIĆ

*

Priprema teksta
Grafički studio RAD

*

Štampa
ZUHRA, Beograd

www.ingramcontent.com/pod-product-compliance
Lightning Source LLC
Chambersburg PA
CBHW071717090426
42738CB00009B/1797